城区老工业区再就业研究

吴风奇◎著

吉林大学出版社
·长 春·

图书在版编目（CIP）数据

城区老工业区再就业研究 / 吴风奇著. -- 长春：吉林大学出版社，2023.2

ISBN 978-7-5768-1487-3

Ⅰ. ①城… Ⅱ. ①吴… Ⅲ. ①老工业基地－就业问题－研究－湖南 Ⅳ. ① D669.2

中国国家版本馆 CIP 数据核字（2023）第 040906 号

书　　名：城区老工业区再就业研究
CHENGQU LAOGONGYEQU ZAIJIUYE YANJIU
作　　者：吴风奇
策划编辑：卢　婵
责任编辑：卢　婵
责任校对：王　蕾
装帧设计：三仓学术
出版发行：吉林大学出版社
社　　址：长春市人民大街 4059 号
邮政编码：130021
发行电话：0431-89580028/29/21
网　　址：http://www.jlup.com.cn
电子邮箱：jldxcbs@sina.com
印　　刷：武汉鑫佳捷印务有限公司
开　　本：787mm × 1092mm　　1/16
印　　张：14.75
字　　数：190 千字
版　　次：2023 年 2 月　第 1 版
印　　次：2023 年 2 月　第 1 次
书　　号：ISBN 978-7-5768-1487-3
定　　价：80.00 元

前　言

2014 年，国家发展和改革委员会决定，将北京市首钢老工业区等 21 个城区老工业区纳入全国城区老工业区搬迁改造试点，力争到 2022 年基本完成城区老工业区搬迁改造任务，把城区老工业区建设成为经济繁荣、功能完善、生态宜居的现代化城区。2017 年以来，Z 市按照国家和 H 省委省政府的要求，大力践行新发展理念，整体推进 Q 老工业区搬迁改造，全面关停 261 家工业企业，涉及职工 2.86 万人。为帮助 Q 老工业区搬迁改造企业失业人员实现再就业，Z 市出台了《关于对 Q 老工业区搬迁改造企业失业人员实行再就业帮扶的实施办法》等系列政策，支持失业人员参加职业培训提升再就业能力；通过补贴对就业困难群体进行兜底保障、支持用人单位帮助失业人员再就业、支持失业人员自主创业；设置公益岗位帮扶部分就业困难群体；举办专场招聘会促进失业人员再就业，取得了较好的成效。但 Q 老工业区搬迁改造企业失业人员多，年龄偏大、学历层次和技能水平偏低，再就业能力差、再就业期望值高、再就业困难，再加上突如其来的新冠肺炎疫情叠加的影响，导致 Q 老工业区搬迁改造企业失业人员整体再就业率不够理想、再就业质量不高。课题调查数据显示 Q 老工业区搬迁改造企业失业人员再就业率为78.8%，其中多数为短期临时就业状态，调查对象中有较稳定工作的仅占21.36%，处于打零工状态的高达51.13%，选择自主创业更是少之又少（仅占6.31%），下岗后从未工作的比例高达21.2%。就业是最大的民生，搬迁企业失业人员的再就业事关Q老工业区转型成败，事关成千上万个家庭的幸福生活，事关社会大局和谐稳定。

党的十八大以来，习近平总书记在领导推进新时代治国理政的实践中，对就业、城市建设、经济发展、生态环境、教育、企业责任等发表了大量讲话，提出了许多具有原创性、时代性、指导性的新思想、新观点、新论断。这些重要讲话立意高远，内涵丰富，思想深刻，对始终坚持人民至上的执政理念，深刻认识就业这个最大的民生、头号民心工程的重大意义，做好城区老工业区搬迁改造企业失业人员再就业，具有十分重要的指导意义。

本书以Z市Q老工业区搬迁改造为例，理论联系实际，在充分调研、认真分析、虚心学习、深入思考的基础上，研究如何做好城区老工业区搬迁改造企业失业人员再就业。

第一章，首先介绍城区老工业区搬迁改造企业失业人员再就业研究背景，梳理了城区老工业区搬迁改造情况，分析了新冠肺炎疫情对就业的影响，党中央历来高度重视就业工作，各级政府采取多种措施稳就业。然后对调研过程进行总体设计，包括调查思路、调查方法以及调查过程安排；对国内外研究成果进行综述。

第二章，根据调查结果，对Q老工业区搬迁改造企业失业人员再就业情况进行总体分析，首先是Q老工业区搬迁改造企业职工安置的基本情况；其次介绍政府、搬迁企业采取的帮扶措施，帮扶整体效果，再就业存在的问题；然后对Q老工业区搬迁企业职工再就业过程中的问题进行诊断。

第三章，根据Q老工业区搬迁企业职工再就业过程中的问题诊断结果，对如何推进Q老工业区搬迁改造企业失业人员再就业进行总体部署，在深入分析Q老工业区搬迁改造企业失业人员的特点的基础上，提出推进Q老工业区搬迁改造企业失业人员再就业的原则和思路。

第四章、第五章、第六章分别介绍推进Q老工业区搬迁改造企业失业人员再就业的对策和措施。

第四章，从优化社会生态环境角度采取措施，提高就业质量。一是充分利用SF区三面环山、一面临水的自然优势，合理安排生产、生活、生态空间，让Q城区成为宜业、宜商、宜学、宜住的乐园，建设生态宜居城市，优化就业环境。二是引入优质教育资源，提升Q城区基础教育办学质量，发挥优质教育资源迅速带动城市发展、增加就业岗位的特点，拓展就业新思路。三是建设零工劳务超市，引导务工人员和雇主进场进行洽谈交易，搭建就业新平台。

第五章，从统筹抓好经济社会发展角度采取措施，千方百计增加就业岗位。一是发展服饰产业、设施农业、工业文化旅游产业等劳动密集型优势特色产业，筑牢就业基础，带动就业增长。二是发展广场经济，充分发挥XSL广场地理位置的优越性，将XSL广场打造成Q城区商业中心，带动广场周边服务业的快速发展，催生新的就业岗位，拓宽就业渠道。三是发展地摊经济，为文化程度低、年龄偏大、技能单一、无法外出务工的Q老工业区搬迁改造企业失业人员和贫困家庭，提供灵活就业、居家就业的新路子，缓解就业压力。四是培育新业态、新模式的发展，提供了外卖骑手、直播主播、专车司机等更多的就业岗位，打开就业新空间。

第六章，从加强政府公共就业服务能力角度采取措施，精准发力完成再就业目标。一是建立横向生态补偿机制，实行Q区搬迁改造企业失业人员再就业区级对口帮扶，分担SF区公共就业服务的压力，凝聚就业帮扶的强大合力，及时有效解决Q区搬迁改造企业失业人员再就业难的问题。

二是提升就业服务平台，针对帮扶对象的贫困情况确定责任人和帮扶措施，确保帮扶效果，推进再就业精准帮扶。三是精准开展再就业培训，提高失业人员再就业能力。四是充分发挥搬迁改造企业熟悉掌握解除劳动合同人员个体情况的优势，为解除劳动合同人员、提前内退人员等有就业需求的人员再就业牵线搭桥。五要引导失业人员转变思想，克服“等靠要”思想，树立正确的再就业观。

吴风奇

2021 年 12 月

目　录

第一章 绪 论

第一节 研究背景

一、城区老工业区搬迁改造

（一）全面推进城区老工业区搬迁改造

城区老工业区是指依托“一五”“二五”和“三线”建设时期形成的、工业企业较为集中的城市特定区域，为我国建成独立完整的工业体系，为老工业城市的形成发展，做出了突出贡献，是当地社会经济发展的重要支撑。但是在长期发展的过程中，出现了基础设施老化、安全隐患突出、落后产能集中、环境污染较为严重等问题。

推进城区老工业区搬迁改造工作，有利于解决老工业基地振兴发展的瓶颈制约和薄弱环节，对老工业基地践行创新、协调、绿色、开放、共享的发展理念，具有重要意义；对于老工业城市产业转型升级，提升城市综合服务功能，保障和改善民生，维护社会和谐稳定，为建设成为产业竞争力强、功能完善、生态良好、和谐发展的现代化城市奠定了坚实基础。

2013 年 3 月，国务院批复了《全国老工业基地调整改造规划（2013—2022 年）》，在认真总结前十年东北老工业基地振兴实践经验的基础上，将振兴工作由前期以东北地区为主向巩固深化东北、统筹推进全国老工业基地振兴转变，把工作重点放在老工业城市调整改造上。张家口、抚顺、株洲等 95 个地级老工业城市，北京石景山区、长沙市开福区等 25 个直辖市、计划单列市、省会城市的市辖区被纳入调整改造规划范围。2014 年 3 月，国务院办公厅颁发了《关于推进城区老工业区搬迁改造的指导意见》，要求积极有序推进城区老工业区搬迁改造工作，力争到 2022 年基本完成城区老工业区搬迁改造任务，把城区老工业区建设成为经济繁荣、功能完善、生态宜居的现代化城区。北京市首钢老工业区、湖南省株洲市清水塘老工业区等 21 个城区老工业区纳入全国城区老工业区搬迁改造试点。2014 年 8 月，国务院出台《关于近期支持东北振兴若干重大政策举措的意见》，提出全面推进东北城区老工业区搬迁改造。

2013 年城区老工业区搬迁改造工作实施以来取得了明显成绩，政策体系逐步完善，支持范围逐步扩大，支持力度大幅增强。《全国老工业基地调整改造规划（2013—2022 年）》首次提出城区老工业区搬迁改造的概念。国务院办公厅出台了《关于推进城区老工业区搬迁改造的指导意见》，明确了推进城区老工业区搬迁改造的指导思想、基本原则、重点任务和保障措施。2014 年 3 月，国家发展改革委公布了全国 21 个城区老工业区搬迁改造试点名单，对做好试点工作提出了具体要求。《国务院关于近期支持东北振兴若干重大政策举措的意见》进一步加大了对东北城区老工业区搬迁改造的支持力度。2015 年 8 月，城区老工业区搬迁改造被列为专项建设基金项目重点支持领域之一。

全国城区老工业区搬迁改造已经全面推进。城区老工业区搬迁改造是一项艰巨的历史任务，国家发展改革委已对符合条件的城区老工业区搬迁改造给予资金支持。从支持领域上看，除棚户区改造已有资金支持外，《关于推进城区老工业区搬迁改造的指导意见》提出的主要任务，包括企业搬迁改造、市政基础设施建设、工业遗产保护、老旧小区改造、新兴产业发展以及学校医院等公共服务设施建设，均已纳入支持范围。

国家发展改革委深入贯彻落实党中央国务院的决策部署，先后出台了《关于做好城区老工业区搬迁改造试点工作的通知》《城区老工业区搬迁改造专项管理办法》等系列文件，组织开展全国城区老工业区搬迁改造试点，安排中央预算内资金支持，指导有关省份老工业城市推进有关工作。有关省份也相应出台了政策文件，组织评估批复了相关实施方案。有关老工业城市认真落实主体责任，牢固树立创新、协调、绿色、开放、共享的发展理念，扎实推进城区老工业区搬迁改造工作，取得了积极成效。

表 1–1　城区老工业区搬迁改造试点单位

序号	单位	序号	单位
1	北京市首钢老工业区	12	山东省济南市东部老工业区
2	河北省张家口市宣化老工业区	13	河南省洛阳市涧西老工业区
3	山西省太原市和平老工业区	14	湖北省武汉市古田老工业区
4	内蒙古自治区包头市巴彦塔拉老工业区	15	湖南省株洲市清水塘老工业区
5	辽宁省大连市瓦房店老工业区	16	广东省茂名市河西老工业区
6	辽宁省铁岭市铁西老工业区	17	四川省自贡市鸿鹤坝老工业区
7	吉林省吉林市哈达湾老工业区	18	重庆市大渡口滨江老工业区
8	黑龙江省哈尔滨市香坊老工业区	19	贵州省贵阳市小河老工业区
9	江苏省徐州市鼓楼老工业区	20	陕西省西安棉纺织老工业区
10	安徽省合肥市瑶海老工业区	21	甘肃省兰州市七里河老工业区
11	江西省南昌市洪都老工业区		

（二）部分城区老工业区搬迁改造实施情况

1. 首钢老工业区搬迁改造

首钢老工业区位于北京市石景山区西南部，面积约 9 平方千米。首钢为华北地区最早的近现代钢铁企业之一，1919 年从美国进口了高炉。顶燃式热风炉和无料钟炉顶技术为首钢自主发明的世界尖端炼钢技术，后来由它们首开中国向国外出口炼钢技术的先河。这里有许多个中国第一，是20世纪70年代全国十大钢铁企业之一，曾占北京市利税的1/4，是国内目前保存最完整、面积最大的钢铁工业生产厂区。那巨兽一般的复杂建筑，百倍大的各种零件，交织缠绕的管道，精心设计的几何结构，以及厚重的历史感，浓浓的重工业风，都让人惊叹和着迷不已。

北京奥运会前，因环保因素，于2005年将首钢的生产部门逐步搬迁到河北曹妃甸；2010年年底所有涉钢项目全部停产。2014年3月，获批全国21个城区老工业区搬迁改造首批试点之一。北京市新的城市规划将石景山区定位为休闲娱乐中心区，而首钢老工业区被纳入石景山南部综合旅游文化区。区域产业的统筹发展决定了首钢老工业区的产业转型策略，即利用工业遗产资源大力推进文化创意、休闲娱乐、商务、旅游等产业的发展，同时，北京市"十二五"规划将首钢老工业区定位为高端产业综合服务区，作为未来承载首都经济发展的四个高端产业新区之一。

首钢搬迁腾退出来的城市发展新空间，是北京2022年冬奥会和冬残奥会赛区之一。首钢北京园区成为奥运推动城市发展和老工业区复兴的生动实践。冬奥组委入驻；冬奥比赛项目滑雪大跳台落户并完成建设；国家体育总局与首钢共同建设国家体育产业示范区；"四块冰"等冬奥训练场馆建成投入。平昌冬奥总结会、中芬冬季运动年开幕式、冰壶世界杯总决赛、首届北京冬运会等重大活动及赛事，不断点燃"冰与火"的激情。首钢成为北京冬奥会官方顶级合作伙伴，荣获国际奥委会"奥林匹克主义在行动"奖杯。巴赫主席称赞：北京首钢园区工厂改建是奇迹，是一个"让人惊艳"的城市规划和更新的范例。此外，还在原址上建设首钢工业遗址公园，2018年1月，首钢高炉、转炉、冷却塔、煤气罐、焦炉、料仓，运输廊道、管线，铁路专用线，机车、专用运输车，龙烟别墅等主要遗存入选第一批中国工业遗产保护名录。

首钢在北京地区在职职工有 8.4 万名，曾经拥有北京市 1/6 产业工人。首钢在北京停产后有 6 万多钢铁业及依托钢铁业的员工面临再就业和安置问题。北京地区除新项目安置的 1.9 万职工以及 1.85 万人可以享受内部退养政策外，仍形成 3.5 万富余人员，这部分人员技术单一，年龄偏大，平均年龄 40 岁，居住地主要集中在石景山区，转岗和再就业存在一定局限。首钢总公司董事长朱继民在央视《面对面》节目中，对职工安置问题做出回应。朱继民认为：职工的安置问题要通过发展解决，岁数大的员工采取离岗休息、退养的办法安置；还有一部分人，通过加大职业技能培训，输送人才到北京产业需要的地方；另外通过非钢产业的发展、钢铁业建设新厂、搞循环经济等方式安排一部分员工。北京市发展和改革委员会相关负责人 2011 年 8 月 10 日透露，首钢搬迁调整职工分流安置工作顺利平稳完成，截至当年 6 月底，3.02 万名富余职工和 4 000 名劳务公司派遣协力工基本得到妥善安置。

2. 安徽省合肥市瑶海老工业区搬迁改造

瑶海老工业区位于安徽省合肥市瑶海区，工业用地面积 29.82 平方千米，曾是合肥市老工业基地。曾为合肥产业基础由薄变厚立下赫赫战功，在安徽工业发展史写下浓墨重彩一笔的瑶海老工业区，就要实现新的华丽转身。“一五”建设时期，中央在合肥共投资 2.74 亿元（不含对军工企业的投资），投资项目 187 个，其中 80% 以上落户瑶海老工业区（时称“东市区”）；“二五”建设时期，中央在合肥共投资 5.09 亿元，项目 272 个，其中 75% 以上落户瑶海老工业区，同期，中央把上海内迁至合肥的企业，90% 以上投放在该区；“三线”建设时期，全市完成基本建设投资约 8 亿元，其中 70% 以上由瑶海老工业区企业承载，使瑶海老工业区形成了以纺织、钢铁、化工、机电等产业为支柱的，在全国有一定影响力的老工业基地。该区的安徽纺织总厂、安徽拖拉机厂、合肥钢铁厂、合肥化工厂、合肥矿山机械厂、合肥模型厂等，曾在全国有较高的知名度。

2013 年，瑶海区被纳入《全国老工业基地调整改造规划（2013—2022）》。2014 年，瑶海区被列入全国 21 个城区老工业区搬迁改造首批试点之一。根据《瑶海老工业区整体搬迁改造实施方案（2013—2020）》规划，瑶海老工业区将被打造成在全国有影响力的农业物联网产业基地，集都市科技产业、文化创意产业、现代服务业和低碳旅游业于一体的宜居宜业宜游区，安徽省服务业综合改革试点区工作中的示范区，合肥电子信息专业性国家高技术产业基地的重要组成部分。这里，未来将实现“3 园 2 区 1 走廊”的空间布局。包括：中小金融机构创新园、文化产业创意园、合肥物联网科技产业园；都市科技工业园区、都市服务业新区；总部经济走廊。为此，合肥市计划在 2020 年年前逐步完成该区工业企业的整体搬迁改造。褪去工业辉煌的瑶海老工业基地，将收获新兴产业、现代服务业等崛起的繁华，同时实施旧城改造和基础设施大建设，让辖区居民成为老工业区“蝶变”的受益者。

3. 江西省南昌市洪都老工业区搬迁改造

洪都老工业区位于南昌市青云谱区核心区域，总占地面积约 18.5 平方千米，拥有雄厚的工业底蕴。“一五”“二五”时期国家布局了 25 家工厂，是新中国第一架飞机、第一辆轮式拖拉机、第一辆摩托车和第一枚海防导弹的诞生地。老工业区内现在仍有江铃汽车集团、中航工业洪都集团、南昌印钞公司、南缆集团、阳光乳业等一批知名制造业企业。

2013 年 3 月，国务院批准发布《全国老工业基地调整改造规划（2013—2022 年）》，南昌市青云谱区被纳入全国 25 个老工业城区之一；2014 年 3 月，南昌市洪都老工业区纳入全国城区老工业区搬迁改造 21 个试点之一。《南昌市国民经济和社会发展第十三个五年规划纲要》中明确提出打造洪都新城：“加快推进洪都老工业区整体搬迁改造进度，完善外围环境，主攻机场改造核心建设，重点布局都市工业、商贸中心、文化旅游、现代服务业等产业，将洪都老厂区搬迁后腾出的土地用于打造高端人文内涵、优美生态环境、多类型服务业集聚的生态新城。”

青云谱区“十三五规划纲要”中，谋划重点构建“一极、三带、五点”的都市产业空间发展格局，带动空间布局优化，并以此点轴支撑的空间网络系统引导产业向优势区位集中发展，形成一个高效、完善的现代都市产业分工体系。“一极”即打造产城融合发展极，以区行政中心为核心，辐射周边产业带、链接集聚点，结合洪都新城建设和昌南工业园转型升级，以打造高技术服务业产业集聚为重点，着力布局工业设计、研发中心、电子商务、知识产权、金融等主导产业群，配套生活性服务业，形成产城融合发展极。“三带”即培育三大都市产业发展带，包括井冈山大道现代服务业发展带、广州路总部经济带、施尧路—昌南大道人文生态旅游产业带。“五点”即布局和建设五大产业集聚点，分别是现代商贸业集聚点、都市工业集聚点、高技术服务业集聚点、生态文化产业集聚点、休闲度假产业集聚点。

（三）Z市Q老工业区搬迁改造实施情况

Q老工业区位于Z市SF区，地处长株潭三市结合部，是国家“一五”“二五”期间重点投资建设的老工业基地。当时的Q区，作为一座颇具规模、充满活力的工业城，仅引入的专用铁路就有6条；而密密麻麻的300多根大烟囱，更是形成了一个壮观的“烟囱林”。员工超过5000人的大厂拥有自己专门的百货商店、学校、医院、图书馆、电影院、歌舞厅、菜市场、澡堂等。由于工厂效益好，职工福利水涨船高，肉、鱼、水果、糖果、牛奶等，会定期免费发放；而工作服、皮鞋、手套、肥皂、牙膏牙刷等，都属劳动用品，常年免费发放使用。工厂福利好，优先安排子女就业，有的一家七八个人都在厂里工作。Q老工业区六十余年的发展形成了化工、冶炼、建材、能源四大产业集群。Q老工业区这片15.15平方千米的土地，曾创造全国工业230多个第一。在鼎盛时期汇集了冶炼、化工、建材企业261家，工人总数超过5万人，年创产值400亿元，占Z市工业总产值的30%以上，累计向国家上缴利税近500亿元。

Q区在创造巨大工业产值的同时，也制造着严重的污染。由于重化工产业聚集、粗放式发展模式、环保意识缺乏、基础设施老化，一段时间里，Q区成为与沈阳铁西区等齐名的全国“四大工业污染区”之一。2003年、2004年Z市连续两年戴上了“全国十大污染城市”的“黑帽子”。

自20世纪90年代，市场竞争日趋激烈，环境法规日趋严格，Q区遇到了前所未有的危机。事实上，从20世纪90年代中期开始，减产、减员、下岗、破产在Q区已司空见惯。进入21世纪后，Q区的主要任务已不是增产，而是治污。尤其是两次戴上“全国十大污染城市”的“黑帽子”后，治污措施更严厉。此后，着眼于Q区的污染治理，政府采取措施，鼓励企业进行技术改造、建污水处理厂等。到最后，整体搬迁成为上下共识。

2013年3月，经国务院批复的《全国老工业基地调整改造规划（2013—2022年）》将Z市纳入地级老工业城市调整改造规划范围。2013年全国“两会”期间，陈求发等全国政协委员向大会提交联名提案，呼吁加快Z市Q老工业区整体搬迁改造，引起高度重视。2014年，Q老工业区搬迁改造被列为全国21个老工业区改造试点之一。2015年8月，Q区成为全国环境污染第三方治理试点区域。2015年12月29日，Z市市委、市政府正式出台《关于推进Q老工业区搬迁改造工作的指导意见》，提出“一年初见成效，三年大见成效，五年完成综合治理，十年建成新城”。

Q老工业区整体搬迁改造，是一个充满艰辛的曲折过程。在经济下行巨大压力下，为了还Z市人民一湾真正的“清水塘”，Z市宁愿牺牲一定的发展速度，也要走出产业结构调整的阵痛，走出转型发展、绿色发展的新路。2017 年 2 月 18 日，Z 市市委、市政府召开 Q 老工业区搬迁改造攻坚动员大会，下达最后“攻坚令”。Z 市和 SF 区两级迅速成立指挥部，市委、市政府主要负责人分别担任市指挥部政委、指挥长，3 位市级领导和来自全市各条战线的 200 多名工作人员常驻 Q 区办公，组建了 5 个重点企业工作组、7 个区级入企小组和 12 个专项工作组，挂图作战，对每家企业分类制定任务书、作战图、时间表，实行一企一组、一企一策。市、区协同作战，以“5+2”“白加黑”的精神强力推动各项工作落实。

老工业区企业整体关停搬迁，没有可复制的经验。Z 市在探索中前行，坚持企业关停与土地收储、搬迁转型、人员安置、污染治理、新城建设“五个同步推进”。在 2013 年至 2016 年关停 94 家污染企业的基础上，2017 年一鼓作气关停企业 147 家，2018 年又一举关停一批大型企业。至此，Q 老工业区 261 家企业全部关停退出，实现 Q 老工业区所有企业关停搬迁目标。

在关停企业过程中，Z 市创新推出“收储 + 奖补 + 转型支持 + 就业帮扶”模式，至 2018 年年底，筹资近 100 亿元，完成了 56 家自有土地企业的土地收储工作；帮助符合条件且有意愿的 61 家企业选定了新址，其中 55 家已建成投产。

Q 老工业区搬迁改造攻坚时，需安置企业职工 3 万余人。为妥善解决“人往哪里去”的问题，Z 市专门出台文件，采取搬迁企业带走一批、专场招聘安排一批、免费培训转型一批、引导自主择业一批等方式，千方百计促进再就业。目前，已有 2 万名职工得到妥善安置，还有一大批职工带着对 Z 市的眷恋跟随转移企业奔赴他乡。

Q 老工业区搬迁改造，还涉及 3 万多居民征拆安置。借助国家棚户区改造政策，2016 年 3 月，Z 市投资 100 亿元启动实施 Q 区棚改项目，让 3

万多居民搬进了新居。

企业关停搬迁难，建设新城更难。Z 市和 SF 区两级联合组建 Q 投资集团，全面负责 Q 片区开发运营。积极邀请国内外多家公司参与 Q 新城建设。坚持高起点规划、高标准建设，精心打造科技创新、工业文旅休闲、口岸经济、临山居住四大功能区，致力建成一座生态科技文化新城。创新产业园区投融资模式，牵手中交三航局联合体，统筹推动企业搬迁改造、环境治理、产业导入和新城建设。

Z 市还积极争取中央和省里支持，千方百计筹措资金，同步推进污染治理，彻底解决 Q 区历史遗留污染问题。目前，7 大重金属污染治理项目已完成，全国首个污染土地修复及再开发世界银行贷款项目进展顺利，共 2 平方千米的土壤修复工程已启动，有力保障了 Z 市及湘江下游居民饮水安全。

壮士断腕搬迁改造，换来生态环境极大改善。2018 年，Z 市城区空气优良天数由 2013 年 214 天增加至 288 天，湘江 Z 市段水质由Ⅲ类提升至Ⅱ类，Q 片区已退出重金属污染重点防控区。2020 年 5 月 5 日，国务院办公厅公布《关于对 2019 年全国落实有关重大政策措施真抓实干成效明显地方予以督查激励通报》，Q 老工业基地搬迁改造工作再次受到国务院表彰，这是 Z 市自 2017 年以来因为老工业基地改造真抓实干、成效显著，第二次获得该项表彰。

二、新冠肺炎疫情对就业的影响

（一）新冠肺炎疫情对全球就业的影响

2019 年以来，新冠肺炎疫情全球大流行，Worldometer 网站实时统计数据显示，截至北京时间 2020 年 12 月 9 日 6 时 30 分左右，全球累计确诊新冠肺炎病例 68 488 295 例，累计死亡病例 1 561 287 例。与前一日相比，全球单日新增确诊病例 625 385 例，新增死亡病例 12 375 例。中国以外新增确诊病例逾 62 万例，累计确诊病例逾 6 840 万例，累计死亡病例逾 155 万例。美国累计确诊新冠肺炎病例 15 540 544 例，累计死亡 292 752 例。与前一日 6 时 30 分数据相比，美国新增确诊病例 214 776 例，新增死亡病例 2 534 例。疫情严重冲击全球经济，世界经济大幅下滑，使本就孱弱的全球经济雪上加霜。为了防控疫情，很多国家采取了停工、社会隔离、封城乃至封国等措施，经济陷于停滞，国际贸易严重萎缩，大部分产业短期“休克”，对全球供应链关键节点造成影响。疫情还影响了全球投资者预期，国际金融市场“黑天鹅”事件频发。2020 年二季度欧元区、日本、美国 GDP 同比分别下降 14.8%、9.9%、9.0%；英国共识公司预测，三季度欧元区、日本、美国 GDP 同比分别下降 7.3%、6.8%、4.6%。亚洲开发银行 5 月 15 日发布报告称，新冠肺炎疫情造成的全球经济损失在 5.8 万亿至 8.8 万亿美元之间，相当于全球国内生产总值的 6.4% 至 9.7%。报告称，疫情期间全球将有 1.58 亿至 2.42 亿人失业，亚太地区失业人口占其中的 70%；全球劳动收入将减少 1.2 万亿至 1.8 万亿美元，其中亚太地区的损失约占全球的 30%。

新冠肺炎疫情导致美国人面临严峻的就业前景，美国劳工部就业报告显示，美国四月份的失业率为 14.7%， 5 月的失业率上升到 16.4%，已有超过 4 000 万人申请了首次失业救济，美国财政部长姆努钦承认，美国的失业率可能已高达 25%，远超官方公布的数据；美国劳工部数据显示 11 月全美新增就业岗位 24.5 万，为 5 月迄今最低值，这意味着疫情恶化正在影响经济复苏。美国目前整体失业率为 6.7%，比疫情前高 3.2 个百分点；长期失业人口达 390 万，约占失业总人口的 36.9%。

（二）新冠肺炎疫情对我国就业的影响

新冠肺炎疫情对经济社会发展带来前所未有的冲击。企业生产经营安排受到影响，春节假期延长、延迟复工减少了有效工作日，部分省市限制交通也影响了生产所需的人员和物资流动。需求面指标同比放缓，零售、餐饮、旅游等消费支出明显下降，疫情还深刻影响了经济主体行为，特别是消费者较长时间减少到商场、影院等人流密集的场所消费。外部输入型风险将继续冲击国内经济，国际贸易受阻的状况短期难以改善，外需可能继续下降，进一步拉低我国经济增速。为了防控新冠肺炎疫情，我国采取了有效的封城、居家隔离等措施，统筹推进疫情防控和经济社会发展，抓紧恢复生产生活秩序，在巨大困难挑战中实现了经济持续稳定复苏。2020年一季度国内生产总值（GDP）同比下降6.8%，二季度国内生产总值同比增长3.2%，三季度国内生产总值同比增长4.9%。

突如其来的新冠肺炎疫情对我国就业市场造成严重冲击，2020年经历了短期变化和波动。一季度就业开局低迷，城镇调查失业率上升。二季度新冠肺炎疫情得到有效控制，复工复产稳步推进，稳就业举措全面落地，劳动力市场需求升温，就业局势逐步回稳，城镇调查失业率开始下降。三季度就业优先战略持续发力，稳就业保民生成效突出，就业总体稳定。国家统计局公布的数据显示，1—10月份，全国城镇新增就业1 009万人，提前完成全年目标任务。10月份，全国城镇调查失业率为5.3%，比9月份下降0.1个百分点，比去年同期增加0.2个百分点。

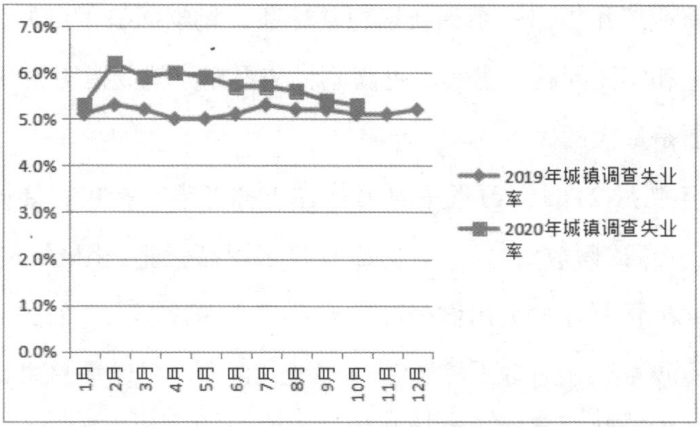

图 1–1 2019 年、2020 年城镇调查失业率对比图

表 1–2 2019 年、2020 年城镇调查失业率对比表

项目	月份											
	1 月	2 月	3 月	4 月	5 月	6 月	7 月	8 月	9 月	10 月	11 月	12 月
2019 年城镇调查失业率	5.1%	5.3%	5.2%	5.0%	5.0%	5.1%	5.3%	5.2%	5.2%	5.1%	5.1%	5.2%
2020 年城镇调查失业率	5.3%	6.2%	5.9%	6.0%	5.9%	5.7%	5.7%	5.6%	5.4%	5.3%		
增加百分比	0.2%	0.9%	0.7%	1%	0.9%	0.6%	0.4%	0.4%	0.2%	0.2%		

从图表可以看出，2020 年 1—10 月份城镇调查失业率总体呈下降趋势，均高于去年同期水平。1 月份城镇调查失业率为 5.3%，2 月份为 6.2%，达到最高位，创数据发布以来最高升幅，2 月份比 1 月份高 0.9 个百分点，比去年同期高 0.9 个百分点；2 月份、4 月份城镇调查失业率均超过 6%，3 月份、5 月份为 5.9%；9 月份、10 月份分别下降到 5.4%、5.3%，分别比去年同期高 0.2 个百分点。

三、党中央各级政府重视就业

（一）习近平总书记高度重视就业工作

“十三五”这五年来，习近平总书记始终心系就业这个最大的民生问题，围绕就业工作提出一系列新思想新论断，科学回答了做好就业工作的一系列理论和实践问题，为实现更高质量和更充分就业指明了方向。

1. 就业是最大的民生

2020 年 7 月 24 日，习近平总书记在吉林考察时指出，要始终把人民安居乐业、安危冷暖放在心上，千方百计稳定现有就业，积极增加新的就业，促进失业人员再就业，突出做好高校毕业生、退役军人、农民工和城镇困难人员等重点群体就业工作。2020 年 2 月 10 日，习近平总书记在北京市调研指导新型冠状病毒肺炎疫情防控工作时强调，越是发生疫情，越要注意做好保障和改善民生工作，特别是要高度关注就业问题，防止出现大规模裁员。2019 年 2 月 1 日，在北京看望慰问基层干部群众时指出，要坚持就业优先战略，把解决人民群众就业问题放在更加突出的位置，努力创造更多就业岗位。2017 年 10 月 18 日，在中国共产党第十九次全国代表大会上的报告中强调，就业是最大的民生。要坚持就业优先战略和积极就业政策，实现更高质量和更充分就业。大规模开展职业技能培训，注重解决结构性就业矛盾，鼓励创业带动就业。2016 年 7 月 20 日，在东西部扶贫协作座谈会上指出，一人就业，全家脱贫，增加就业是最有效最直接的脱贫方式。长期坚持还可以有效解决贫困代际传递问题。

2. 支持广大劳动群众积极就业大胆就业

2020 年 8 月 21 日，习近平总书记在安徽考察时指出，要牢固树立以人民为中心的发展思想，扎实推进民生工程，出台更多援企、减负、稳岗、扩就业的支持性措施，突出做好高校毕业生、农民工、退役军人、受灾群众等重点人群就业工作，落实好纾困惠企政策，保护和激发市场主体活力。2020 年 5 月 12 日，在山西考察时强调，要坚持以人民为中心的发展思想，扎实做好保障和改善民生工作，实实在在帮助群众解决实际困难，兜住民生底线，落实就业优先战略和积极的就业政策，突出做好高校毕业生、退役军人、农民工、城镇困难人员等重点群体就业工作，加快补齐这次疫情暴露出的公共卫生体系方面的短板弱项，推动社会治理重心向基层下移。2020年2月23日，在统筹推进新冠肺炎疫情防控和经济社会发展工作部署会议上指出，要实施好就业优先政策，根据就业形势变化调整政策力度，减负、稳岗、扩就业并举，抓好社保费阶段性减免、失业保险稳岗返还、就业补贴等政策落地，针对部分企业缺工严重、稳岗压力大和重点群体就业难等突出矛盾，因地因企因人分类帮扶，提高政策精准性。要鼓励低风险地区的农民工尽快返岗复工，采取"点对点、一站式"直达运输服务。要支持多渠道灵活就业，解决个体工商户尽快恢复营业问题。要加快推动线上登记失业和申领失业保险金，确保失业人员应发尽发、应保尽保。要注重高校毕业生的就业工作，统筹做好毕业、招聘、考录等相关工作，让他们顺利毕业、尽早就业。同时还指出劳务输出地和输入地要精准对接，帮助贫困劳动力有序返岗，支持扶贫龙头企业、扶贫车间尽快复工，吸纳当地就业。2019年1月21日，在省部级主要领导干部坚持底线思维着力防范化解重大风险专题研讨班开班式上指出，要切实解决中小微企业融资难、融资贵的问题，加大援企稳岗力度，落实好就业优先政策。2016年4月26日，在知识分子、劳动模范、青年代表座谈会上提出，各级党委和政府要关心和爱护广大劳动群众，切实把党和国家相关政策措施落实到位，不断推进相关领域改革创新，坚决扫除制约广大劳动群众就业创业的体制机制和政策障碍，不断完善就业创业扶持政策、降低就业创业成本，支持广大劳动群众积极就业、大胆创业。

3. 就业有门路、生活有保障

2020年9月18日，习近平总书记在湖南考察时强调要落实就业优先政策，突出做好高校毕业生、退役军人、农民工、城镇困难人员等重点群体就业工作。2020年7月23日，在吉林考察时强调，各级党委和政府要高度重视高校毕业生就业问题，高校毕业生要转变择业就业观念，只要有志向就会有事业，只要有本事就会有舞台。希望大家找准定位，踏踏实实实现人生理想。2020 年 7 月 21 日，在企业家座谈会上指出，当前，就业压力加大，部分劳动者面临失业风险。关爱员工是企业家履行社会责任的一个重要方面，要努力稳定就业岗位，关心员工健康，同员工携手渡过难关。2020 年 6 月 10 日，在宁夏考察时强调，要坚持以人民为中心的发展思想，切实解决好群众的操心事、烦心事、揪心事，扎实做好下岗失业人员、高校毕业生、农民工、退役军人等重点群体就业工作。2020 年 6 月 8 日，在宁夏考察时强调，兴办扶贫车间目的是扶贫，要坚持扶贫性质，向困难群众倾斜，多招收困难群众就业。乡亲们在家门口就业，虽然收入不比进城务工高，但省去了住宿、伙食、交通等费用，还能照顾家庭，一举多得。2020 年 4 月 21 日，在陕西考察时强调，搬得出的问题基本解决后，后续扶持最关键的是就业。乐业才能安居。解决好就业问题，才能确保搬迁群众稳得住、逐步能致富，防止返贫。2019 年 5 月 22 日，在江西考察时强调，要对就业困难人员及时提供就业指导和技能培训，确保他们就业有门路、生活有保障。

（二）各级政府采取多种措施稳就业

“十三五”期间，我国经济总量持续增长，带动就业规模持续扩大，就业政策不断出台，支持就业形势总体稳定，就业新形态、新模式快速成长。

“十三五”期间，我国从实施更加积极的就业政策到将就业优先政策置于宏观政策层面，不断创新、充实的政策工具箱化解着复杂多变形势下的就业压力。

这五年，国家聚焦支持企业稳定岗位、促进重点群体就业创业、支持新就业形态发展，出台减税降费、稳岗返还、参保职工技能提升补贴、实施职业技能提升行动等一系列新的政策举措。2016年以来，年均有近1亿人次劳动者享受各项就业补贴政策。稳稳的政策托起的是5年间我国城镇新增就业规模累计超过6 000万人。

稳增的就业基本盘里还有着“一个都不能少”的托底帮扶。“十三五”期间，国家全方位地推进就业扶贫，实现“零就业”家庭动态清零。2016年至2019年，全国累计帮扶建档立卡贫困劳动力就业1 213万人。建档立卡贫困人口中，90%以上得到了产业扶贫和就业扶贫支持，三分之二以上主要靠外出务工和产业脱贫。“十三五”期间，国家发布了三批新职业，数字化管理师、互联网营销师、网约配送员……新职业的背后无不对应几十万甚至上百万的人才缺口，也成为不少人就业的新选择。就业方式更加多元，带动着就业结构持续优化。截至2019年年末，全国就业人员中，一、二、三产业就业人员占比分别为25.1%、27.5%、47.4%，第三产业吸纳就业能力显著增强，倒金字塔形的就业结构映射着人们更高质量、更充分的就业。

今年以来，受新冠肺炎疫情的影响，稳就业任务异常艰巨繁重。党中央、国务院对此高度重视，把就业放在“六稳”“六保”首位，强调要实施好就业优先政策，全面强化稳就业举措。新冠肺炎疫情暴发后，中国政府迅速响应，积极部署疫情防控相关工作，及时出台财政、税收、金融、就业等政策，以确保生活生产秩序稳定。2020年2月3日在中央政治局常委会会议研究应对新型冠状病毒肺炎疫情工作时，习近平总书记指出，要在做好防控工作的前提下，全力支持和组织各类生产企业复工复产，保持产业链总体稳定。2月21日的中共中央政治局会议强调，要统筹做好疫情防控和经济社会发展工作，要求毫不放松抓好疫情防控工作，要建立与疫情防控相适应的经济社会运行秩序，有序推动复工复产，使人流、物流、资金流有序转动起来，畅通经济社会循环。2月23日，习近平总书记再次明确，要落实分区分级精准复工复产。3 月 3 日，李克强总理强调，要有针对性地加大“六稳”工作力度，有效应对疫情影响，促进经济社会平稳运行，分区分级精准有序引导相关企业复工。

1. 通过稳企业努力稳定现有就业岗位

为应对新冠肺炎疫情对经济社会发展造成的冲击，各级政府部门快速行动、密切配合，坚持财政金融政策与就业政策协同联动，密集出台实施了减税降费、金融支持、援企稳岗等各类扶持政策，积极稳定企业生产经营，有序推进全面复工复产，取得积极成效。

2. 通过发展新业态新模式积极增加新的就业

近年来，以大数据、云计算、互联网等新一代信息技术为支撑的数字经济异军突起，成为我国经济结构转型升级的一大亮点和吸纳就业的重要力量。新冠肺炎疫情虽然对线下经济造成较大冲击，但以在线消费为特征的数字经济加速发展，创造了大量的就业机会。可以进一步加大 5G 网络、大数据中心、人工智能、工业互联网、物联网等建设力度，促进物资配送、康养健康、公共卫生等传统产业数字化转型升级，不断催生出新的就业岗位、就业方式，创造大量的灵活就业机会。电商网购、在线服务等新业态在抗击疫情中发挥了重要作用，要继续出台支持政策，全面推进“互联网 +”，打造数字经济新优势。

3. 通过大规模开展职业技能培训打造高素质劳动力大军

制订更加有效的培训政策，努力打造一支高素质的劳动力大军。一是逐步建立适应劳动力市场变化的职业技能培训体系，促进经济发展从“向人口要红利”到“向人才要红利”转变。二是大力实施劳动力职业技能提升行动，将暂时未就业的农村劳动力、创业人员等群体吸纳到职业技能培训体系中，提高其就业能力。三是充分发挥税费减免和资金补贴等政策措施的激励作用，引导企业和教育培训机构开展职业技能培训，增加企业员工的职业技能储备。四是加强对刚进入劳动力市场的新劳动力在职在岗培训。五是积极为进城务工人员提供与本地城镇居民同等的公共职业培训服务，提升其人力资本水平。

4. 做好重点群体就业工作

坚持以人民为中心的发展思想，切实解决好群众的操心事、烦心事、揪心事，就要扎实做好下岗失业人员、高校毕业生、农民工、退役军人等重点群体就业工作。强化困难人员就业援助，动态调整认定标准，及时将受疫情影响人员纳入援助范围，帮扶残疾人、零就业家庭等困难群体就业，确保零就业家庭动态清零；为高校毕业生提供不断线的就业服务，扩大基层服务项目招聘，拓宽毕业生就业渠道，促进高校毕业生市场化社会化就业；实行农民工在就业地平等享受就业服务政策；做好退役军人安置和就业保障。

（三）政策密集出台，找准稳就业着力点

为做好疫情防控的同时适应返岗复工需要，人社部、教育部等 5 个部门于 2 月 5 日印发《关于做好疫情防控期间有关就业工作的通知》，提出包括支持中小微企业发展、保障重点企业用工及确保高校毕业生就业在内的多项举措，为高校毕业生、农民工等重点群体在疫情期间顺利就业奠定了坚实基础。随后，人社部、公安部等 5 部门印发了《关于做好农民工返岗复工"点对点"服务保障工作的通知》，积极开展用工集中地区和企业"点对点"农民工专车（专列）运输服务，保证了成规模外出的农民工安全有序返岗复工。此外，立足当前基本情况，加快返岗复工速率，国务院办公厅于 3 月 18 日印发了《关于应对新冠肺炎疫情影响强化稳就业举措的实施意见》，不仅为织牢就业保障网奠定坚实基础，更推进了疫情防控和稳就业工作的有序进行。

就各省市而言，“稳就业”也成为各地政策的着力点。近期，多地密集出台了一系列快速、精准的就业政策，扎实落实稳就业工作。例如，湖南省出台了包括提高职工失业保险保障水平、加大援企稳岗力度在内的《稳企稳岗稳就业十条措施》，以真抓实干的担当、真心实意的服务积极稳就业、保就业、促就业。再如，江苏省出台了《关于疫情防控期间稳就业保用工的工作措施》，其包含帮助务工人员便捷上岗、全力支持重点企业用工等八大举措，千方百计助力稳就业。

对此，中国劳动和社会保障科学研究院副院长莫荣认为，针对当下复杂的就业形势，从中央到地方坚决以就业优先为方针，接连出台包括加大援企稳岗支持力度、保障重点企业用工、阶段性减免企业社保费政策、加强支持重点群体在内的一系列政策措施，找准了稳就业的着力点，打出了政策的“组合拳”。

1. 加快推进全面复工复产，稳定就业基本面

作为稳定就业的头等大事，当前各级党委政府积极助力企业复工复产。为加快全面复工复产的脚步，各级政府可以采用“点对点、一站式”的运输方式，鼓励用工地与劳务输出地直接对接，在提高效率的同时实现精准服务；鼓励各地政府与企业主动进行对接，协调各类复工复产支持政策，以降低企业在政策获取和应用方面的成本。这些举措将对稳定就业基本面、加快推进全面复工复产产生显著作用。

2. 加快数字平台经济发展，扩大新增就业空间

复工复产主要解决的是就业的存量问题，而每年我国仍有超千万的新增劳动力，这部分群体的就业应如何解决，成为稳就业工作的重中之重。作为一种新业态模式，数字平台经济不仅提高了资源要素的流动速率，更创造了大量的新就业机会，在增加新的就业岗位方面优势显著。比如在疫情期间，线上教学、云医疗等数字平台通过其工作形态的创新，增加了大

量的就业机会，为稳就业、促增长做出了巨大贡献。为进一步发挥数字平台经济的作用，鼓励数字平台经济发展，有关部门应继续完善市场准入条件，持续优化发展环境，实行包容审慎监管，助力数字平台经济发展。

3. 健全专项就业促进机制，满足就业需求

长期以来，有相当一部分劳动者找不到合适的工作，也有一些艰苦地区、行业招不到合适的人才，供求不匹配成为就业工作面临的主要矛盾之一，在疫情冲击的大背景下，这一矛盾显得尤为突出。所以，有关部门应继续加快实施基层就业，如农村教师特岗计划、“三支一扶”、西部计划等，鼓励高校毕业生走向基层，缓解劳动力供需问题。

4. 创新和完善社会保障体系，增强就业灵活性与安全性

为适应当前就业形势需要，一方面要完善灵活就业的各项政策措施，明确灵活就业人员就业服务、权益保障相关办法，取消不合理的限制灵活就业的规定，支持劳动者参加临时性工作、弹性工作等形式的工作，实现灵活就业。另一方面，灵活就业会促使劳动关系由单一向多元化转变，这就对创新和完善社会保障体系提出了新的要求，所以应构建灵活性与安全性兼具、长期与短期协调的稳就业机制，以充分保障灵活就业顺利实现。

5. 鼓励工作任务在线交付，缓解疫情冲击

受疫情影响，传统的企业经营模式与就业模式遭到较大冲击，但在线经济却逆势而为，用工需求不降反升，在稳定存量就业的同时拉动了移动办公及相关领域的就业。这表明，工作任务在线交付这种创新性工作形式成为当下稳定就业的重要方式。为实现更好的发展，可鼓励企业发展网络信息技术，不断打造更完善的工作任务交付平台，并实施全新组织管理，更新市场服务模式，实现工作任务在线交付，在稳定就业的同时，推动就业形态不断升级。

6. 扩大教育培训规模，缓解短期就业压力

从劳动力供给角度看，采取高校扩招及就业培训等方式，缩小短期劳动力供给规模，不仅可以提高劳动者素质，增强就业能力，更有利于夯实经济高质量发展的基础，缓解就业市场结构性矛盾。一方面，应着力于培养高层次应用型人才，扩大本科生、研究生的招生规模，合理分配招生指标，重视人工智能、公共卫生、电子商务、临床医学等专业人才的培养。另一方面，应发挥社会教育机构及高校的作用，设立短期培训项目，提升劳动者的就业技能，在一定程度上缓解短期就业压力。

（四）将就业优先政策上升到宏观政策层面

为促进高质量就业，积极应对就业压力，我国实施了就业优先政策并将其上升到宏观层面，出台的各种政策效果显著。所以，更要继续强化就业优先政策，使其发挥更大作用。

1. 强化经济发展的就业导向

要构建新发展格局，调整经济发展方式，就要强调供给侧结构性改革，强调质量变革与效率变革。但无论如何，都必须坚持就业导向，不断扩大就业容量，促进充分就业，提升就业质量，充分保障劳动者的待遇和权益。不仅如此，还要把就业融入宏观调控，将就业作为相关政策制定的重要依据，更好地体现在财政、投资、货币、消费等宏观政策中。

2. 强化劳动者的技能素质提升

在构建新发展格局时，很可能产生结构性就业矛盾，而这就需要劳动者具有较高的就业素质。若想提高劳动者的技能素质，就要更好地发挥高质量教育体系的作用，通过提升教育质量不断增强高校毕业生的就业能力与综合素养。同时，大力发展职业技术教育，通过产教融合、校企合作等方式加大技术人才培养力度。就广大农民工和下岗职工群体而言，应做好有针对性的再就业培训工作，保证其适应不断变化的劳动力市场及产业结

构转型升级。

3. 强化对重点群体的就业支持和困难群体的就业帮扶

作为就业需求最大的两个群体，农民工和高校毕业生一直以来都是就业工作中的重点。为更好地稳定就业大局，应制定相关政策，支持重点群体顺利就业。同时也有一部分就业困难的群体，如残疾人、零就业家庭等，因无法就业而一直陷入贫困之中，不仅很难提高生活质量，更是社会的不稳定因素。要想解决好他们的就业问题，就要建立协同机制，不断扩大公益性岗位的数量，加大资金投入，通过财税政策鼓励企业吸纳困难群体，更好地落实残疾人按比例就业政策。

4. 强化对新就业形态的支持和规范

作为新发展格局中不可或缺的一环，“三新”经济在就业中发挥着独特作用，成为吸纳就业的重要渠道。相关数据显示，2019 年，“三新”经济就业人数已高达 1.65 亿人，占全部就业人数的 21.4%，其中很大一部分劳动者就业于“新就业形态”。但目前，“新就业形态”在劳动关系、社会保障及法律地位等方面仍存在较多问题，面临着诸多短板。所以，应制定相关的法律法规，补齐法律短板，对存在的问题进行明确规范，加大对“新就业形态”的支持。

第二节　研究思路与文献综述

一、调查缘起

2017 年以来，Z 市按照中央和省市要求，大力践行新发展理念，整体推进 Q 老工业区搬迁改造，全面关停 153 家工业企业，涉及职工近 3 万人。就业是最大的民生，也是头号民心工程。搬迁企业失业人员的再就业问题事关Q老工业区转型成败，事关成千上万个家庭的幸福生活，事关社会大局和谐稳定。

为积极帮助Q老工业区搬迁改造企业失业人员实现再就业，Z市出台了《关于对清水塘老工业区搬迁改造企业失业人员实行再就业帮扶的实施办法》等系列政策，对搬迁改造企业失业人员实施积极的再就业帮扶。为全面掌握Q老工业区搬迁企业失业人员再就业情况，跟踪政策实施情况，探索促进Q老工业区搬迁企业失业人员再就业的有效路径，Z市人力资源和社会保障局委托某工业大学课题组对Q老工业区搬迁改造企业失业人员再就业情况展开调查研究。

二、调研过程设计

（一）调查思路

考虑到Q老工业区搬迁企业失业人员再就业问题涉及政府、企业和再就业人员三个基本层面，本课题主要对这三类主体进行调查，且对三类主体的调查内容各有侧重。

（二）调查方法

文献研究。集中收集中央与地方政府出台的有关就业帮扶的政策文件、新闻报道和学术文献、各调研对象提供的介绍性和总结性文字材料等文献，并进行系统梳理。

实地调研。按照类型分类和科学抽样，以问卷调查和对象访谈两种形式，深入了解Q老工业区搬迁改造企业失业人员实行再就业情况，重点了解相关单位和个人反映较多的重点难点问题，以及创新经验。

（三）调查过程

本次调查分为六个阶段，历时8个月。

第一阶段（1月10日—5月10日）初步收集相关文献，就Q老工业区搬迁改造咨询有关人员，熟悉研究内容，掌握基本信息，明确研究主题和研究思路，课题组成员分工撰写《“Q老工业区搬迁改造企业失业人员再就业情况调查”课题工作方案》（以下简称《方案》）《Q老工业区搬迁改造企业失业人员再就业情况调查问卷》（以下简称《问卷》），召开5次研讨会，讨论《方案》《问卷》形成初稿，并报市人社局就业服务中心审议后定稿。

第二阶段（5月11日—6月11日）主要为政府部门和企业的实地调研。课题组先后走访了市人社局、Q区搬迁改造指挥部、SF区人社局等政府部门和五大搬迁改造企业，与相关人员举行了深度座谈，系统了解Q区企业搬迁改造过程、政府相关部门的政策举措、各企业对失业人员的安置政策与帮扶举措，并基本摸清了失业人员的总体规模、构成情况和再就业情况等基本数据。

第三阶段（6月12日—6月27日）主要为问卷调查和访谈。问卷调查采取线上调研和线下调研相结合的方法。线下调研主要是课题组成员深入Q街道办和XSL街道办辖区的各企业职工小区，在社区工作人员和网格员的引导下，进行入户问卷调查，共访谈了156位失业人员，回收问卷106份。线上问卷调查则通过问卷星制作网络电子问卷，通过委托企业联系人代发问卷和课题组根据失业人员名单抽样电话问卷两种形式进行。线上线下共回收有效问卷620份，其中线下106份，线上514份。

第四阶段（6月28日—7月10日）主要为资料分析与问卷分析。组织力量对调查收集的文件材料、访谈材料进行系统的整理，对回收的调查问卷进行编码、录入和分析。

第五阶段（7月11日—7月21日）主要是补充调查。针对前期问卷调查和访谈了解的情况，对部分调查对象进行补充调查，共回访调查对象 28 人。

第六阶段（7 月 22 日—8 月 30 日）主要是调研报告撰写。课题组成员分工完成调研报告撰写，充分发挥集体智慧，多次研讨修改完善后形成初稿。

三、文献综述

（一）国内研究综述

1. 失业原因

目前，国内学者认为失业原因主要包括结构性问题与总量问题。王红星（1998）认为，下岗职工大量增加，但社会保障制度尚未完善，二者产生了尖锐的矛盾，劳动力供求结构性矛盾突出导致失业人员再就业出现困难。曾玲（2012）分析了目前的就业形势，也认为在很长一段时间内，我国的劳动力供给无法与市场需求相匹配，结构性失业现象较为严重。冯煜（2001）运用了计量经济学相关分析方法，发现我国劳动力素质无法适应产业结构需要，结构性问题突出。王敏（2017）对农村和城镇的失业问题分别进行了探讨，认为造成农村劳动力失业的主要原因是总量问题，而城镇劳动力失业的原因为总量和结构性问题并存。但从根本上来看，失业问题是结构性问题，具体表现为随着我国产业结构的调整变化，劳动力难以适应不断涌现的新支柱产业，最终导致失业。

吕营（2013）认为我国失业问题是总量问题，具体体现为劳动力的增长速度大于市场需求增速，从而在总量上产生过剩。刘保润和穆子伟（2002）也认为就业人口的增长率远大于新就业岗位的增长率，从而产生大量的未就业者，导致我国就业压力不断加大。盛乐和姚先国（2002）认为长期以来我国积累了大量的劳动力，就业市场上劳动力供给充足，与需求产生了暂时性失衡，造成了总量性失业。

张车伟和吴要武（2003）通过对劳动供给特征和现状进行分析，发现城镇就业压力不断增大，加之农村劳动力向非农领域转移速度加快，进一步挤占了城市居民就业，形成城镇新增劳动力就业、农民工进城就业与下岗失业人员再就业问题交织的局面。而这种局面形成的原因，既有因供求不匹配产生的结构性问题，又有因供大于求而产生的总量问题。此外，也有个别学者从劳动者自身的角度出发，研究失业原因。葛延风（2003）认为，失业人员的落后观念在很大程度上影响了他们再就业。由于我国实行了多年的计划经济，人们习惯了由国家分配工作，传统的就业观在许多失业者脑海中根深蒂固，而这远不能适应当今市场经济的要求。失业者的文化程度与技术水平普遍不高，也严重影响其再就业。

2. 失业人员再就业问题应对措施

（1）增加劳动力需求

吕晓东（1997）认为要增加就业，首要是要增加劳动力需求，具体方法包括鼓励非正式就业、选择体现人口特征的产业政策、鼓励民营企业发展等。同时也要通过发展经济增加就业岗位，积极拓宽就业渠道，实现国民经济发展与就业需求增长的良性循环。胡鞍钢（1998）则强调，我国拥有丰富的劳动力资源，所以应将充分开发人力资源作为就业的战略目标，主要发展节省资本、多用劳动的劳动密集型产业，以实现充分就业。吴敬链（2009）认为可以通过创造更多的就业岗位解决再就业问题。要妥善解决再就业问题，就应鼓励、扶持多种所有制中小企业的发展，大力支持创业，在加强经济活力的同时创造更多的就业岗位，增加劳动力需求。

（2）发展和完善就业服务体系

郑琳芳（2003）通过分析我国目前的就业形势，认为政府要建立市场经济下的弱势群体援助制度，发展和完善就业服务体系，有针对性地开展下岗失业人员再就业指导、再就业培训与职业介绍等就业服务工作，从而提高其再就业能力。谢湘平（2000）认为必须发挥政府的主导作用，建立健全就业服务体系与下岗职工失业保险体系，充分保障失业人员再就业实际工作的整体进行。高卫敏（2009）从社会化角度出发对下岗失业人员各方面情况进行探究，发现下岗失业会导致失业人员的心理状态发生变化。失业人员往往无法及时转变观念，适应再就业需要。因此政府应发展完善就业服务体系，对其进行免费的再就业指导及再就业技能培训，不但要培养积极的就业观念，更要提高失业人员的再就业能力，引导他们适应市场需求。梁晓云（2004）通过分析我国中年失业人员再就业面临的具体困难，提出了政府的责任，即政府应做好就业服务工作，提高中年失业人员自身素质，增强其再就业竞争力。工作的具体内容包括普及再就业观念、发布岗位信息、提供职业技能培训、设置特殊岗位等。

（3）落实就业扶持政策

杨慧娟（2013）通过实证研究发现，就业扶持政策对扩大就业起到积极意义，不仅可以更好地帮助失业人员树立正确的就业观念，也可以帮助其做出合适的职业选择。同时，创业扶持政策也可以从资金和制度上支持失业人员进行自主创业，引导失业人员树立包容、开放的就业观念，通过创业实现其再就业。冷艳菊（2011）着重关注资源枯竭型城市下岗职工再就业问题，以“4050”下岗人员、棚户区失业人员及零就业家庭为研究对象，提出要落实包括给予下岗失业人员社会保险补贴、公益性岗位补贴、鼓励自主创业和自谋职业在内的就业扶持政策，对弱势群体提供就业援助。郑清文（2016）对北京市朝阳区接受就业服务的失业人员进行调查，通过分析就业服务实施效果，发现落实就业服务政策、免费为失业人员提供政策咨询服务可以在很大程度上促进下岗失业人员再就业。蔡昉（2011）则认为，不同于以往的总量问题，当前我国的就业问题已转变为结构性问题。

所以政府应及时更新就业扶持政策与相关实施方案，制定针对不同情况、不同年龄失业人群的扶持政策及促进就业方案。

（4）进行失业人员再就业培训

谢小青和赵曼（2005）通过研究认为，再就业培训不仅可以提高失业人员的自身素质，更可以快速形成人力资本，提高整个社会的劳动生产率，对解决我国就业问题与促进社会经济发展具有重要作用。王晓红（2008）对西安市临潼区失地农民再就业情况进行调查，认为解决失地农民再就业问题的重点在于对其进行相关教育和培训。必须通过不断完善教育培训体系，提高教育培训质量，增加失地农民就业技能，从而顺利实现再就业。曾繁华（2008）从武汉城乡就业现状出发，总结近年来武汉在城乡统筹就业方面所取得的成就，提出应建立健全覆盖城乡的就业培训体系，建立城乡统一的劳动力市场等相关建议。黄艳群（2018）对株洲清水塘老工业区下岗职工再就业情况与失业培训情况进行梳理，发现下岗失业人员再就业培训存在一些具体问题，如信息采集和管理不到位、再就业培训难度大、参培个体培训补贴较低等。她认为再就业培训是政府保护下岗职工权益工作的重要内容，必须加以重视。

3. 下岗失业人员再就业面临问题

于立（2003）对国有企业下岗失业职工进行调研，发现失业职工主要集中在制造、采掘及餐饮商贸业。由于这些行业职工的劳动技能较为单一，整体文化素质偏低，所以在失业后很难适应新的岗位变化。此外，即使很快实现再就业，其社会地位与声望也很难高于之前国企正式职工时期，下岗失业人员通常会面临思想难以转变的困难。李瑶（2007）也认为从当年的国企“老大哥”到如今的社会闲散人员，身份的巨大转变不仅导致其生活质量下降，更产生了较重的思想负担与压力。而这种变化也暗示了他们在就业市场中处于不利地位，对再就业产生了一定的阻碍。王海成（2015）

则从“经济羞耻模型”出发，强调了失业下岗会减少家庭收入，有的失业人员甚至因生活较为拮据而感到羞耻和丢脸，这不仅会严重影响生活幸福感，甚至会产生各种社会问题。

张峰（2012）基于利益补偿视角，发现部分下岗职工的利益受损现象严重，如市场经济体制建立过程中的下岗工人。对此他提出利益受损的理论框架与具体的补偿途径，认为间接补偿已经成为利益补偿的重要方式。关于社会保障方面，郭于华和常爱书（2005）认为我国的社会保障制度和下岗职工需求之间并不匹配，这不仅严重影响了社会保障制度的运行效率，更对下岗职工再就业产生了负面影响。吴清军（2005）也认为重保险、轻救助的保障模式没有从下岗失业人员的实际需要出发，社会保障制度与失业人员的实际需求存在较大差距。

4. 产能过剩行业失业人员再就业

王艳霞和邢明强（2015）对产能过剩企业失业人员情况进行调查，发现行业性失业风险持续增加。加之失业人员普遍存在年龄大、素质低的特点，再就业十分困难。王志宏和朱云（2004）对煤炭生产企业下岗职工进行研究，认为工人技术单一、文化素质低的特点导致其就业竞争力不足，而长期从事单一的重复性劳动又使其很难在短时间内掌握新的就业技能，很多人因此失去信心，陷入恶性循环。因此，政府应规范完善下岗职工安置方案与安置政策，加大财政支持力度，加强失业人员再就业培训，促进其再就业。钱琛（2017）对产能过剩行业职工失业情况进行分析，认为由于产能过剩行业失业人员的自身劣势较大，再就业问题往往不能得到妥善解决。王国辉（2009）从阜新市煤炭企业下岗职工再就业调查数据出发，运用 Logistic 模型对再就业的影响因素进行定量分析，结果显示政府对下岗职工再就业的影响最大，此外职工健康状况、受教育程度及年龄等因素也对其再就业产生显著影响。河北大学课题组（2018）对河北省化解过剩产能情况进行分析，发现在扶持力度、就业培训方式、失业保险制度等方面存在较多问题，导致去产能失业人员再就业问题突出。要解决这些问题，就要积极优化产业结构，完善失业保险制度并构建灵活培训机制，帮助失业人员实现再就业。

（二）国外研究综述

关于就业问题，国外经济学家的政策主张各异，其中有代表性的包括以下三种。凯恩斯（1936）提出要解决就业问题，必须依靠政府干预，即投资建设公共工程，扩大政府开支，运用财政政策及货币政策提高社会消费水平与投资规模，使社会总需求扩大从而达到增加就业的目的。弗里德曼（1962）则主张实行“单一货币政策”，即强调国家不应过多地干预经济，将货币供应量年增长率设置为固定水平以保证经济的平稳增长，最终使失业率接近自然失业率，就业问题得以解决。此外，政府也需采取一定措施，如完善劳动市场、为失业者提供就业信息、加强失业人员培训等，积极消除各种人为障碍和限制，更好地促进国民就业。

以阿瑟·拉弗为代表的供给学派则从税收角度给出自己的观点，认为政府应降低税率，通过实施大幅度减税提高劳动者的工作热情并刺激投资，从而扩大生产、增加就业，而因降低税率而减少的财政收入可由扩大课税基础而得到弥补。政府也应减少开支，降低税负在国民生产总值中的比重。

（三）文献述评

通过对国内外文献进行梳理，发现现有研究主要集中于失业原因、失业人员再就业问题应对措施、再就业面临问题及产能过剩行业失业人员再就业等方面。但是，对于老工业区搬迁改造企业失业人员再就业问题却因工作量大、解决难度高而鲜少有人涉足。党的十八大以来，习近平总书记对就业、城市建设、经济发展、生态环境、教育、企业责任等发表了一系列重要论述，这些论述对做好城区老工业区搬迁改造企业失业人员再就业工作，具有十分重要的指导意义。因此，本书从习近平总书记治国理政新理念出发，对Z市Q老工业区搬迁改造企业失业人员再就业情况进行调查分析，并提出相关建议措施，不仅弥补了学术界研究的空白，更对做好我国就业工作具有重大理论与实际意义。

“Q老工业区搬迁改造企业失业人员再就业情况调查”课题工作方案

就业是最大的民生，也是头号民心工程。为积极帮助Q老工业区搬迁改造企业失业人员实现再就业，Z市出台了《关于对Q老工业区搬迁改造企业失业人员实行再就业帮扶的实施办法》等系列政策，对搬迁改造企业失业人员实施积极的再就业帮扶。为全面掌握Q老工业区搬迁企业失业人员再就业情况，跟踪政策实施情况，探索促进Q老工业区搬迁企业失业人员再就业的有效路径，Z市人力资源和社会保障局委托某工业大学课题组对Q老工业区搬迁改造企业失业人员再就业情况展开调查研究。为科学有序地开展此次调查研究，特制定本工作方案。

一、研究目的

本次调查研究旨在全面了解Q老工业区搬迁改造企业失业人员再就业现状，分析政策实施中存在的难点与堵点问题，总结有益经验，并在借鉴先进地区经验的基础上，提出促进Q老工业区搬迁企业失业人员再就业的建议，为Z市人力资源和社会保障局相关决策提供参考。

二、研究内容

（一）Q老工业区搬迁改造企业失业人员再就业现状调查。以典型调查和一般调查相结合的方法全面调查Q老工业区搬迁改造企业失业人员再就业现状。按照搬迁改造企业类型、再就业形式类型对Q老工业区搬迁改造企业失业人员再就业进行分类调查。

（二）Q老工业区搬迁改造企业失业人员再就业政策实施的经验总结。以调查为基础，总结提炼Z市在推动Q老工业区搬迁改造企业失业人员再就业方面的有益经验。

（三）Q老工业区搬迁改造企业失业人员再就业的问题诊断。以再就业成效为标准，对照《关于对Q老工业区搬迁改造企业失业人员实行再就业帮扶的实施办法》的政策内容，全面诊断当前Z市帮扶Q老工业区搬迁改造企业失业人员再就业政策实施中存在的难点和堵点问题。

（四）促进Q老工业区搬迁改造企业失业人员再就业的政策建议。从政策完善、政策执行、政策评估等方面，提出促进Q老工业区搬迁改造企业失业人员再就业的政策建议。

三、研究方法

（一）文献研究。集中收集中央与地方政府出台的有关就业帮扶的政策文件、新闻报道和学术文献、各调研对象提供的介绍性和总结性文字材料等文献，并进行系统梳理。

（二）实地调研。按照类型分类和科学抽样，选择20个以上调查单位，以问卷调查和对象访谈两种形式，深入了解Q老工业区搬迁改造企业失业人员再就业情况，重点了解相关单位和个人反映较多的重点难点问题，以及普遍叫好的创新经验。其中，问卷调查发放不少于500份，对象访谈不少于50人次。

1. 类型分类。根据搬迁企业改造类型、失业人员再就业途径、帮扶机构类型等对调研对象进行分类，作为抽样的基本维度。

表 1-3　调研对象初步分类

分类标准	调查类型	调查名单
搬迁改造企业	国有企业	
	民营企业	
失业人员	未就业人员	
	已就业人员	分自主择业和帮扶就业人员
	自主创业人员	创业典型
帮扶机构	政府职能部门	市人社局就业处、Q 区搬迁指挥部、SF 区人社局
	社会组织	就业培训机构等
同类地区	东北老工业基地	

2. 抽样方法。从国有企业、民营企业，中央省属企业、市属企业、区属企业，冶炼、化工、建材、危化品存储等几个维度，抽选不低于 20 个有代表性的单位相关人员进行访谈。综合考虑调查对象的搬迁企业类型和失业人员性别、年龄等维度，抽取不低于 500 个失业人员，进行问卷调查，详细了解搬迁改造企业失业人员基本情况、目前工作状态、就业意向、就业渠道、就业困难、就业培训效果、政府帮扶效果、就业需求等信息。

表 1-4　调查抽样计划

抽样维度		抽样比例
失业人员所属搬迁企业类型	国有企业	50%
	民营企业	50%
失业人员性别	男	60%
	女	40%
失业人员年龄	30 岁以下	20%
	30 ~ 39 岁	30%
	40 ~ 49 岁	30%
	50 岁及以上	20%
失业人员再就业形式	帮扶就业	50%
	自主创业	10%
	自主择业	40%

四、研究进度安排

表 1–5 研究进度安排

时间	主要任务	具体活动安排及要求
2020.1.1—2020.5.20	前期准备	1. 收集相关文献，熟悉研究内容 2. 明确研究主题和研究思路 3. 形成课题研究工作方案
2020.5.21—2020.7.10	社区调研	1. 课题组根据选定的调研对象名单逐个进行调研 2. 做好资料收集、访谈录音、现场拍照，并及时写好调查日志
2020.7.11—2020.8.31	研究报告撰写	1. 课题组分工完成总研究报告撰写 2. 课题组召开专家座谈会，讨论研究报告，并根据讨论意见形成研究报告初稿 3. 课题组向委托方提交总研究报告初稿
2020.9.3—2020.10.15	研究报告修改与课题评审	1. 委托方收到课题组总研究报告初稿后，尽快反馈意见 2. 课题组根据委托方反馈意见对总研究报告进行修改完善 3. 委托方组织专家对课题最终成果进行评审验收

Q 老工业区搬迁企业失业人员再就业情况调查

调查时间：　　　　　　　　地点：　　　　　　　　调查员：

尊敬的受访者：您好！

本次调研受 Z 市人社局委托，问卷采用不记名方式，所有个人信息都会为您保密。希望您能如实回答以下问题（请在确定的相应选项上打“√”），感谢您的支持与合作！

一、基本信息

1. 您的性别是（　）

A. 男　　　　　　　　B. 女

2. 您的年龄是（　）

A. 30 岁以下　　B. 30 ~ 39 岁　　C.40 ~ 49 岁　　D.50 岁及以上

3. 您的受教育程度是（　）

A. 小学　B. 初中　C. 中专 / 高中　D. 大专　E. 本科及以上

4. 您的健康程度是（　）

A. 良好　B. 一般　C. 较差

5. 您以前工作岗位的性质属于（　）

A. 技术人员　B. 管理人员　C. 技术工　D. 操作工　E. 其他

6. 您原来所在企业的类型是（　）

A. 国有企业（已上市）　B. 国有企业（未上市）

C. 民营企业（已上市）　D. 民营企业（未上市）

7. 您原来所在企业的规模是（　）

A. 大型企业（>1 000 人）　B. 中型企业（300 ~ 1 000 人）

C. 小型企业（20 ~ 300 人）　D. 微型企业（< 20 人）

二、主要内容

8. 您现在的工作状态是（　）

A. 自主创业　B. 有较稳定的工作

C. 打零工或有过短期工作　D. 失业后从未工作过

9. 您失业后是否到过劳动部门或再就业中心登记求职？是否领取过失业金？

A. 已登记，并领取过失业金　B. 已登记，但未领取过失业金

C. 没登记，也未领取过失业金

10. 您最希望下面哪种再就业方式？

A. 自主创业　B. 稳定性就业　C. 临时性就业

11. 感觉自主创业最大的困难是什么？

A. 能力不足　B. 找不到合适项目　C. 缺乏资金

D. 政策支持力度不足　E. 家庭不支持

12. 您是否领过创业补贴或使用过创业担保贷款？（仅自主创业者填）

A. 两者都享受过　　B. 领过创业补贴，但未使用过创业担保贷款

C. 两者都未享受过　　D. 未领过创业补贴，但使用过创业担保贷款

13. 如果再就业，您希望选择什么样的职业？

A. 原职业　　B. 轻松体面、收入偏低也行的职业

C. 具有挑战性的新职业　　D. 只要收入较高，辛苦一点也行的职业

14. 您寻求再就业的渠道是（　）

A. 自己通过招聘广告寻找　　B. 原企业内部转岗　　C. 政府安置

D. 政府或劳务市场协助　　E. 原企业推荐就业　　F. 家人朋友介绍

15. 对您来说再次找工作的主要困难是什么？（双选）

A. 缺失求职信息　　B. 工作岗位少　　C. 岗位技能不足

D. 不懂面试技巧　　E. 因年龄偏大遭歧视　　F. 性别歧视

16. 您失业的时间有多久？

A.0 ~ 6 个月　　B.6 ~ 12 个月　　C.1 ~ 3 年　　D.3 年以上

17. 您是否参加过再就业职业技能培训？

A. 参加过　　B. 没机会参加　　C. 不想参加

18. 您最希望参加哪方面的再就业培训？

A. 企业针对性的用工培训　　B. 焊工 / 电工类　　C. 营销促销

D. 家政服务 / 酒店服务 / 养老护理　　E. 创业培训　　F. 其他

19. 您对培训内容是否满意？（已培训者填）

A. 满意　　B. 基本满意　　C. 不满意

20. 培训对您找工作是否有帮助？（已培训者填）

A. 有帮助　　B. 帮助不大　　C. 没有帮助

21. 您参加再就业培训是否享受过培训费补贴、生活补贴和职业技能鉴定费补贴？（已培训者填）

A. 享受了培训补贴和生活补贴

B. 享受了培训补贴和职业技能鉴定补贴　　C. 只享受了培训补贴

D. 都享受过　　E. 都没享受过

22. 您认为目前的再就业培训最需要改善的地方是（　）

A. 培训补贴的力度不大　　B. 培训的课程和内容与市场脱节

C. 培训机会不多　　D. 培训的时间和地点缺乏灵活性

23. 您期望从事的行业是（　），您现在实际在的行业是（　）。（第二问仅已就业者填）

A. 制造业　　B. 商贸流通业　　C. 餐饮住宿行业

D. 保险、咨询等中介机构　　E. 农林牧渔业　　F. 其他

24. 您期望从事的工作岗位是（　），您现在实际从事的工作岗位是（　）。（第二问仅已就业者填）

A. 管理人员　　B. 技术人员　　C. 技术工

D. 操作工　　E. 老板或股东

25. 您对现在的工作是否适应？（已就业者填）

A. 适应　　B. 基本适应　　C. 不适应

26. 您对现工作的收入是否满意？（已就业者填）

A. 满意　　B. 基本满意　　C. 不满意

27. 根据自身情况，您期望的月收入是（　），目前的实际月收入为（　）。

A.5 000 元以上　　B.4 000 ~ 5 000 元　　C.3 000 ~ 4 000 元

D.2 500 ~ 3 000 元　　E.2 000 ~ 2 500 元　　F.2 000 元以下

28. 您现在缴纳社会保险的情况是（　）

A. 就业单位和自己共同交　　B. 自己交费，并享受了社保补贴

C. 自己交费，但未享受社保补贴　　D. 未交社保费

29. 您对政府的再就业帮扶政策是否了解？

A. 熟悉　　B. 基本了解　　C. 不太了解

30. 您是否愿意接受公益性托底岗位？

A. 愿意　　B. 若工资适当提高就愿意　　C. 不愿意

31. 您认为政府在促进再就业过程中最应该做哪些事？（双选）

A. 增加与就业配套的补贴或福利　　B. 开展职业技能培训

C. 完善就业信息渠道和咨询服务　　D. 消除就业歧视

32. 您对政府在促进搬迁企业失业人员再就业方面还有什么宝贵建议？

____

第二章　Q 区搬迁改造企业失业人员再就业情况调查

第一节　Q 区搬迁改造企业职工安置的基本情况

Q 老工业区搬迁改造项目 2014 年被列为全国 21 个老工业区改造试点之一，是全国最大的搬迁改造项目（涉及企业 153 家和参与改制职工共计 2.86 万人）。其中有 148 家小企业，有 5 家大型国企（其参与改制人员占总数的近一半），以上企业搬迁改造伴随的人员安置工作主要在 2017—2018 年完成。本课题组通过对五大重点关停搬迁国企的逐一调查核准，掌握了其员工的基本情况及安置分流状况，详见表 2–1 和表 2–2 的统计数据。显然，表 2–2 中的"解除劳动合同""内部退养"和"提前退休"职工是本次再就业调研应重点关注的对象，因为他们大多存在着再就业的客观需求。

表 2-1　五大搬迁改造国企职工基本情况统计表

单位：人

序号	关停搬迁前职工数	性别		年龄结构			学历情况			技能情况		
		男	女	30 岁以下	30 岁至 4050 岁以下	4050 岁以上	初中及以下	高中职高中专	大专及以上	无	初级	中级以上
1	4 760	4 027	733	236	2 855	1 659	341	2 442	1 977	1 853	1 876	1 031
2	422	226	196	18	184	220	180	190	52	92	206	124
3	414	212	202	37	167	210	133	127	154	152	121	141
4A	1 224	802	422	54	639	531	136	680	408	136	408	680
4B	584	381	203	6	263	315	185	250	169	431	77	76
5	4 700	3 139	1 561	235	1 429	3 036	398	2 887	1 415	471	1 164	3 065
合计	12 104	8 787	3 317	586	5 537	5 981	1 373	6 576	4 155	3 135	3 852	5 117

注：1. 本表中 4050 以下指女 40 周岁以下（含）、男 50 周岁以下（含），4050 以上指女 40 周岁以上、男 50 周岁以上。

2. 第四个企业基于公司业务的关联性及历史原因，在统计上拆分为 4A 和 4B。表 2-2 也同此原因。

表 2-2　五大重点关停搬迁国企员工安置分流详细情况

单位：人

序号	离退休职工	关停搬迁前职工数			安置情况						
		小计	国有身份职工	劳务派遣职工	小计	解除劳动合同职工	转岗职工	提前退休职工	内部退养职工	其他	有就业需求国有身份职工
1	5 203	4 760	3 745	1 015	3 745	963	1 113	—	1 654	15	2 632
2	3 600	4 700	4 700	—	4 700	3 220	70	1 480	—	—	4 630
3	386	414	414	—	414	280	13	23	98	—	401
4	433	422	272	150	272	216	215	—	56	—	166
5A	1 196	1 224	1 224	—	1 224	862	10	8	362	—	1 214
5B	235	584	584	—	584	484	10	—	100	—	574
合计	11 053	12 104	10 939	1 165	10 939	6 025	1 361	1 511	2 270	15	9 617

注：将解除劳动合同职工、提前退养职工、内部退养职工都界定为有就业需求。

第二节　前期帮扶举措及效果的调查分析

一、政府政策及其发力点

Q 区企业搬迁改造是 Z 市落实国家生态环境保护政策做出的重大工程，全面关停 153 家工业企业，涉及职工近 3 万人。为了做好这一重大工程，切实维护社会稳定，保障职工权益，Z 市出台了以《关于对 Q 老工业区搬迁改造失业人员实行再就业帮扶的实施办法》（“帮十条”）为核心的帮扶政策。从“帮十条”的内容来看，政府政策的主要发力点集中在以下几个方面。

1. 支持失业人员参加职业培训，提升再就业能力

“帮十条”中的第一条到第三条的内容主要是对失业人员参加职业培训和参加职业鉴定给予补贴，补贴既包括对培训和费用的补贴，也包括生活补贴，都是鼓励和支持失业人员通过职业培训和职业鉴定提升再就业能力。

2. 通过补贴对就业困难群体进行兜底保障

“帮十条”中的第四条和第十条的核心内容都是兜底保障。第四条主要是针对临近退休和“4050”这两个就业困难群体，通过社保补贴来减轻因失业带来的社保负担，减轻困难群体的压力。第十条则主要是发挥失业保险对失业人员的兜底保障作用。

3. 通过补贴支持用人单位帮助失业人员再就业

“帮十条”中的第五到第七条的内容主要是通过社保补贴、岗位补贴和用工补贴支持用人单位帮助失业人员再就业，是对就业岗位供给端进行激励，以促进失业人员再就业。

4. 通过补贴和担保支持失业人员自主创业

“帮十条”中的第八条和第九条的内容主要是通过创业补贴和创业贷款担保支持失业人员自主创业，以促进失业人员再就业。

从上述“帮十条”的政策内容看，政府政策主要是以补贴这一直接手段，着力于提升失业人员就业能力、鼓励用人单位提供工作岗位和支持失业人员再创业。

从课题组调研了解的情况来看，SF 区人社局的再就业工作，也主要围绕以上四个方面发力，在摸清失业人员情况的基础上通过举办职业培训和组织专场招聘会等途径保护失业人员。

二、企业举措及其特色

五大国企是 Q 老工业区搬迁改造项目的重点，项目组通过实地访谈和查核企业相关台账，发现这些企业促进其改制职工再就业的主要举措有以下几种。

①成立相关管理和服务机构，强化了职工安置和再就业问题的组织领导。各企业高度重视，均成立了由主要领导挂帅、人事部门为主体的专门班子负责职工的分流、安置和再就业问题。多数企业还成立了法律事务中心和职工再就业服务中心，在广泛征求职工意见的基础上形成了职工再就业安置方案，最后交职代会通过后实施，整个过程具有较强的组织保障。

②严格对标国家规定，落实了职工安置和再就业问题的优惠政策。例如，有关协议解除劳动合同的补偿标准、提前退休或内部退养的优惠时限、领取失业保险金问题、4050 职工交社保时的补贴问题等，均在企业和社区的有利配合下得到了全面贯彻。

③创新工作形式，建立了线上线下联络协调机制。各企业均建有职工

再就业QQ群、微信群等，通过网络渠道收集职工诉求和发布用工信息，弥补了线下交流可能出现的疏漏。同时，各企业还积极反馈员工需求，通过和市、区人社部门联系，组织下岗职工参加了多次专场招聘会。

④重视再就业培训，主动与政府相关职能部门对接。各企业根据职工的实际情况，和市、区人社局及市总工会等共同组织实施了育婴师、面包师、电工和焊工等培训，在人员管理、场地安排和培训费补贴等方面做了大量工作。如培训费除了人社局给的政策补贴外，多数公司进行了托底，保证了参加培训人员全免费。

⑤挖掘内部安置潜力，积极引导职工转岗就业。异地搬迁改造企业采取了有效措施引导职工转岗，不仅符合条件的职工都可到搬迁后的新企业再上岗，并且还发放异地交通补贴，而通过与总公司联络，也分流了部分员工到了其他分公司上班。此外，其他企业也都在留守部门返聘了少量员工来处理后续问题。

⑥协调职工住房的拆迁改造，努力改善职工的生活环境。原企业积极助力相应拆迁住房的下岗职工，使其领到了50万元左右的拆迁款而脱离了生活困境。

三、帮扶成效的整体反馈

（一）社会保险补贴和失业保险较好发挥了政策兜底保障作用

社会保险和失业保险对失业人员具有兜底保障作用。Z市通过发放社保补贴和失业保险，对失业人员，尤其是失业后就业困难的人员进行了有力的政策兜底。2017年以来，发放灵活就业人员社会保险补贴、培训补贴等补贴754.95万元，共计为1 783名失业人员发放失业保险金1 743.92万元，其中Q区搬迁改造企业中有353名失业人员领取了失业保险金

421.28 万元。

（二）公益岗位设置有效帮扶了部分就业困难群体

Z 市深化就业市场供给侧改革，针对 Q 老工业区搬迁企业失业人员以“4050”等就业困难群体为主的情况，通过招聘政府雇员、公益性岗位和网格员的方式，优先帮扶下岗失业人员再就业。同时，为公益岗位提供岗位补贴和社保补贴。2017 年以来，发放公益性岗位补贴 1 426.26 万元，公益性岗位社保补贴 296.43 万元。公益岗位的设置，一方面加强了政府和社区人力资源建设，另一方面也在一定程度上满足了失业人员因年龄偏大和家庭原因希望本地化就业的就业需求，是一项有温度的失业帮扶举措。

（三）技能培训较大范围提升了失业人员再就业能力

Z 市政府部门根据企业用工需求，通过定向、定点、定制的精准的技能培训模式，提升失业人员就业能力。定向就是根据企业用工需求定向组织人员培训、定点就是在定点学校进行培训、定制就是按照市场需求对劳动者进行量身定制的培训。2017 年度，SF 区人社局与定点培训机构展开合作，开展创业培训 16 期，SYB 培训共计 480 人。2018 年度，开展钳工、吊车工的在职职工技能培训 428 人，举办了 2 期育婴员技能培训班，培训 79 人，举办了 2 期西式面点技能培训班，培训 100 人。

（四）专场招聘会有效促进了失业人员再就业

Z 市整合全市人力资源优势，采取市场化运作的模式与 Z 市民企人才网展开合作，针对 Q 区搬迁改造企业下岗失业人员组织举办各类专场招聘会，加大力度招聘年龄偏大的“4050”Q 区搬迁改造企业下岗失业人员。举办了 2 场 Q 区老工业区搬迁改造专场招聘会，共提供工作岗位 7 224 个、达成初步就业意向 757 人。组织了多家企业参加 Z 市人社局举办的市直机关公益性岗位招聘会，现场达成就业意向 480 余人，其中 Q 区搬迁改造企业失业人员近280人。利用电工、焊工类职业技能培训班结业契机，联合24家区内企业举办了现场招聘对接签约大会，现场提供就业岗位200多个，现场签订就业协议63人，达成就业用工意向近百人。举办了“SF区Q区关停搬迁企业失业人员招聘会”和“SF区退役军人专场招聘会”，招聘会共吸引了60家企业进场，提供岗位2 000余个，求职人员到场1 200余人次，现场与企业达成初步就业意向的约有180余人。2017年以来，Z市共开展Q老工业区搬迁企业失业人员专场招聘会18场，提供就业岗位19 000余个，现场达成就业意向2 700余人。

四、员工再就业现状的一般描述

项目组通过线上和线下两种形式进行了问卷调查，主要调查了五大国企的下岗职工，共获得有效问卷620份，其中线下106份，线上514份。通过问卷分析，获得了搬迁企业职工再就业的相关信息。

1. 整体再就业率仍不够理想，就业质量也不高

调查显示的下岗职工再就业率为78.8%，但其中多数为短期临时就业状态，就业质量不容乐观。如表2–3所示，被调查对象中，有较稳定工作的仅占21.36%，处于打零工状态的高达51.13%，选择自主创业更是少之又少（仅占6.31%）。由于难于找到合适工作，下岗后从未工作的比例高达21.2%。

表2–3　下岗职工的再就业状态

选项	小计/人	比例/%
自主创业	39	6.31
有较稳定的工作	132	21.36
打零工或有过短期工作	316	51.13
失业后从未工作过	131	21.2
本题有效填写人次	618	

再结合前文关于各企业参与改制职工的统计数据，可以大致推算出Q

老工业区搬迁改造过程中五大国企员工的再就业情况：在有就业需求的国有身份职工 9 617 名下岗职工中，约有 7 578 人实现了再就业（其中有稳定性工作的员工仅 2 054 人），而待就业的员工数量为 2 039 人。

2. 再就业的岗位还偏低端，收入满意度尚待提升

调查发现，下岗职工再就业的行业选择多为制造业和传统服务业，主要从事操作性岗位（如保安、保洁和保险营销）。其收入（据中位数或数学期望值计算）约为 2 650 元，对现工作收入基本满意和满意的仅占 43.6%，具体见表 2–4。

表 2–4　下岗职工再就业的收入满意度状况

选项	小计 / 人	比例 /%
满意	45	7.28
基本满意	225	36.41
不满意	315	50.97
（空）	33	5.34
本题有效填写人次	618	

3. 不同年龄、性别和文化程度的职工再就业状况差异明显

调查发现，在下岗职工再就业过程中，不同年龄段人员就业状况各不相同，其中，具有稳定性工作的人群主要集中在 30 ~ 40 岁之间，而失业后无工作人群主要集中在 50 岁以上。同时，从下岗职工的受教育程度看，本科及以上学历较易找到稳定性工作（占 36.67%）且主要从事管理岗位，而初中及以下学历人员再就业较困难，失业人数占比更高，由此可见，下岗职工学历越高越容易再就业，详见表 2–5。

表 2–5　不同学历的下岗职工再就业情况

X/Y	自主创业	有较稳定的工作	打零工或有过短期工作	失业后从未工作过	小计 / 人
初中	6（6.52%）	7（7.61%）	59（64.13%）	20（21.74%）	92
中专 / 高中	10（4.44%）	34（15.11%）	123（54.67%）	58（25.78%）	225
大专	14（6.73%）	57（27.40%）	99（47.60%）	38（18.27%）	208
本科及以上	8（8.89%）	33（36.67%）	34（37.78%）	15（16.67%）	90

另外，调查还发现，男性下岗职工的再就业率略高于女性（分别为79.45% 和 77.63%），男性下岗职工的自主创业率也高于女性（分别为 6.52% 和 5.94%）；但男性获得稳定工作的占比却比女性低（分别为19.8% 和 24.2%），详见表 2–6。这说明，Z 市再就业市场整体上并不存在性别歧视，并且，男性出于家庭责任考虑，其再就业意愿更强烈，即使是临时性工作也相对更愿从事。

表 2–6　男女下岗职工的再就业状况

X/Y	自主创业	有较稳定的工作	打零工或有过短期工作	失业后从未工作过	小计 / 人
男	26（6.52%）	79（19.80%）	212（53.13%）	82（20.55%）	399
女	13（5.94%）	53（24.20%）	104（47.49%）	49（22.37%）	219

第三节　Q 区搬迁企业职工再就业过程中的问题诊断

一、出现“困难”就业群体，其整体素质偏低

调查发现，Q 老工业区搬迁改造企业失业人员再就业的最大困难是年龄偏大、学历层次和技能水平偏低。如表 2–7 所示，问卷结果显示，40 岁以上的下岗失业人员占 81.88%，近 2 成左右的失业者为年龄 40 岁以下的。由于 40 岁以上的失业人员正处于职业生涯的成熟期，也处于“上有老，下有小”的人生阶段，因此，失业不仅会造成人力资本投资的巨大浪费，也会给其心理及家庭生活带来很大的压力和影响。

表 2–7　下岗职工的年龄分布

选项	小计 / 人	比例 /%
30 岁以下	8	1.29
30 ~ 40 岁	104	16.83
40 ~ 50 岁	324	52.43
50 岁以上	182	29.45
本题有效填写人次	618	

同时，失业人员的学历层次整体偏低，如表 2–8 所示，被调查者普遍没有接受过高等教育，多数人在初、高中毕业后就进入工作岗位，高中及以下学历占 51.79%。可见，在学历要求普遍提高的当今社会，低学历已成为失业人员再就业遇到的最大瓶颈。

表 2–8　下岗职工的学历层级分布

选项	小计 / 人	比例 /%
小学	3	0.49
初中	92	14.89
中专 / 高中	225	36.41
大专	208	33.66
本科及以上	90	14.56
本题有效填写人次	618	

另外，与学历相对应，下岗人员的职业技能水平也明显偏低，满足不了就业岗位的要求。现今劳动者的素质跨度较大，既有高学历高素质的人才，也有没有受过良好教育、技能单一的劳动者，前者主要从事脑力劳动，后者主要从事体力劳动。在企业用工中，随着技术的升级，一些操作类岗位的需求趋于减少，造成仅掌握简单操作技能的下岗职工再就业困难。事实上，在“您认为再次找工作的主要困难是什么”这一问题上，有 37.54% 的被调查者认为自己的岗位技能无法满足用人单位的需求（如表 2–9 所示）。由此可见，下岗人员整体素质偏低，特别是因为自身技能单一，直接影响了其再就业能力。

表 2–9　下岗职工再次找工作面临的主要困难

选项	小计 / 人	比例 /%
缺失求职信息	177	28.64
工作岗位少	272	44.01
岗位技能不足	232	37.54
不懂面试技巧	37	5.99
因年龄偏大遭歧视	480	77.67
性别歧视	28	4.53
（空）	5	0.81
本题有效填写人次	618	

二、本土劳务市场“供需失调”，就业结构性矛盾凸显

作为南方工业重镇的Z市虽属工业发达地区，近几年区域经济也有了较快增长，但经济增长所依赖的产业基础的就业带动效应有限，导致就业和再就业压力不断增大。事实上，Z市在就业规模有所扩大的同时，就业总量矛盾依然严重，就业的结构性矛盾也开始凸显，随着网络经济的发展以及人工成本的增加，“机器替代人”问题使得传统就业岗位的需求趋于下降。特别是在疫情影响下，Z市劳动力市场整体上供需失调。

究其原因，一方面，Z市第三产业从业人员比重偏低。第三产业在吸纳劳动力、提高就业水平方面发挥了越来越重要的作用。近几年来，Z市第三产业从业人员逐年增加，占比逐年提高，但与全国相比，仍有差距。2018年，Z市第三产业就业占全社会从业人员的比重为36.1%，比全国低10.2个百分点。另一方面，劳务市场供需双方的诉求严重不对称。调查发现，下岗人员的就业意愿整体上较强烈，但被调查者中84.14%的失业人员想要的是一份稳定性工作，而目前具备稳定性就业的员工只占被调查员工的17.9%，远远低于自身期望，如表2-10所示。

表2-10　下岗职工再就业期望的工作状态

选项	小计/人	比例/%
自主创业	66	10.68
稳定性就业	520	84.14
临时性就业	30	4.85
（空）	2	0.32
本题有效填写人次	618	

三、寻找再就业的渠道较窄，创业动能明显不足

在调查问卷中，在回答“你寻找再就业主要通过哪个途径”时，大部分下岗职工选择了“自己通过招聘广告寻找”以及“家人朋友介绍”，而

其他渠道起的作用不明显，特别是原企业在推荐职工再就业方面的功能还未有效发挥，如表 2–11 所示。另外，在就业困难职工的再就业方面，政府安置仅占 8.58%，通过政府或劳务市场协助而完成就业的仅占 12.3%。这说明，尽管当前的政府帮扶政策在促进就业方面确实取得了一些成效，但是，面对 Q 区搬迁改造带来的特定再就业难题，千方百计地拓宽就业渠道仍是政府继续努力的方向，显然，在这方面的既有政策力度和灵活性还有待加强。

表 2–11　下岗职工寻找再就业途径

选项	小计 / 人	比例 /%
自己通过招聘广告寻找	234	37.86
原企业内部转岗	25	4.05
政府安置	53	8.58
政府或劳务市场协助	76	12.3
原企业推荐就业	18	2.91
家人朋友介绍	209	33.82
（空）	3	0.49
本题有效填写人次	618	

调查还显示，下岗职工的创业动机不强。只有 6.31% 被调查者从事创业性工作（如表 2–3 所示），这与他们缺少创业知识、能力及资金有关，更与他们应对风险的心理承受能力不足有关。这也间接表明，近几年国家及 Z 市出台的扶持创业的系列优惠政策并没有激发 Q 区搬迁改造后相应失业人员的创业行为。

事实上，创业不仅有利于拓宽就业渠道，实现个人价值，还可以带动就业。下岗职工掌握着一定的技术技能，如果能将其既有技能与创业相结合，将会更好地推动就业工作的良性发展，因此，创业指导应成为当前就业指导和培训工作的重要组成部分。

四、不能客观认识自身条件，收入满意度不高

对问卷调查的三组问题："您根据自身情况期望的月收入是多少""您目前实际的月收入是多少"的调查结果分别如表 2-12、表 2-13 所示。

表 2-12　根据自身情况期望的月收入是多少

选项	小计 / 人	比例 /%
5 000 元以上	267	43.2
4 000 ~ 5 000 元	168	27.18
3 000 ~ 4 000 元	117	18.93
2 500 ~ 3 000 元	44	7.12
2 000 ~ 2 500 元	14	2.27
2 000 元以下	7	1.13
（空）	1	0.16
本题有效填写人次	618	

表 2-13　目前实际月收入

选项	小计 / 人	比例 /%
5 000 元以上	92	14.89
4 000 ~ 5 000 元	84	13.59
3 000 ~ 4 000 元	86	13.92
2 500 ~ 3 000 元	80	12.94
2 000 ~ 2 500 元	72	11.65
2 000 元以下	200	32.36
（空）	4	0.65
本题有效填写人次	618	

容易看出，Q 区搬迁改造企业下岗职工根据自身情况，期望月收入在 5 000 元以上的占比最多，而实际月收入在 2 000 元以下的却占比最多。工资收入是导致下岗职工对现在工作满意度的最大影响指标，但工资收入的高低主要取决于劳动者创造价值的能力大小及就业市场的供求关系。

我们从对下岗职工的访谈了解到，很多人缺乏理性的再就业观念，就业期望值过高。部分失业者不仅自身技能不足，而且接受再培训的意愿和能力不强，再就业竞争意识淡薄，同时又拒绝对劳动者素质要求较低的脏、累工作。换言之，处于失业状态的一些下岗职工寻找再就业时，不能正确

评估自身条件和现实的就业形势，甚至宁可失业也不愿意降低“身份”和要求。

五、再就业的稳定性较差，远低于期望值

由表 2–3 和表 2–10 可知，下岗职工期望的再就业方式与实际状况出入较大。下岗职工期望的再就业方式大多为“较稳定性就业”（占 84.1%），但实际只有 21.3% 的被调查者能够真正找到“较稳定性工作”，可见，下岗职工追求“稳定性”的就业意愿在现实中很难得到满足，劳务供求双方必须正视此现实，积极调整自身的诉求。

另一方面，市场竞争的汰劣性也进一步削弱了再就业的稳定性。

Z 市吸引外地人才到本地就业的能力较强，将间接引起株洲劳务市场供给端的竞争压力变大。事实上，由市场人才竞争的汰劣性引起的失业，具有广泛性和经常性的特点，只要有竞争存在，就会有这种失业出现的可能。Z 市由于很多国有企业普遍存在着技术陈旧、管理落后、负担沉重等难以化解的矛盾，在经济体制转轨过程中，日趋激烈的市场竞争使不少企业陷入了前所未有的困境，只好向社会释放富余人员。而这些国企的下岗职工由于长期“养尊处优”，竞争意识较差，导致找工作时候的竞争能力不如外来人员，甚至即使找到新工作，也会因为激烈竞争而遭淘汰，最后只能处于“打零工”状态。

六、培训与市场的契合度不高，再就业中心的功能亟待健全

针对调查问题“您对培训内容是否满意”“培训对您找工作是否有帮助”“您认为目前的再就业培训最需要改善的地方是什么”，其反馈信息如表 2–14、表 2–15、表 2–16 所示。

表 2-14 对培训内容的满意程度

选项	小计 / 人	比例 /%
满意	58	11.13
基本满意	257	49.33
不满意	206	39.54
本题有效填写人次	521	

表 2-15 培训对找工作是否有帮助

选项	小计 / 人	比例 /%
有帮助	124	23.8
帮助不大	263	50.48
没有帮助	134	25.72
本题有效填写人次	521	

表 2-16 认为目前的再就业培训最需要改善的地方

选项	小计 / 人	比例 /%
培训补贴的力度不大	92	14.89
培训的课程和内容对再就业帮助不大	224	36.25
培训机会不多	194	31.39
培训的时间和地点缺乏灵活性	96	15.53
（空）	12	1.94
本题有效填写人次	618	

上述三个表说明，Z 市对 Q 区搬迁改造企业下岗职工的再就业培训的市场导向性还嫌不足，再就业培训针对性不强。比如：实训课程不足，符合劳动力市场要求的培训项目偏少，培训课程没有根据培训后的就业情况予以及时调整和完善等，导致“招工难、就业难”现象并存。具体看来，一是培训带有一定的重复性和盲目性，培训覆盖面狭窄。从下岗员工的回答可发现，现有培训的课程和内容设置对再就业帮助不大，且在员工最希望参加的企业有针对性的用工培训方面做得还不够。虽然培训部门已开设了育婴师、面包师、电工和焊工等培训课程。但是一些较新的、发展很快的职业如网店运营、养老或医院护工、快递、物业管理等，都还没有专门组织培训。二是培训层次定位低，只重视初级的技能培训，只求解决目前

的“吃饭”问题，没有触及劳动力素质持续提升的核心问题。如对有创业意愿但缺少创业知识的下岗职工应设计符合其实际的培训内容，帮助他们掌握一定的创业知识和创业技能。三是培训的经费、场地、设备投入有限，时间安排的灵活性等方面也待进一步改善。

另一个问题是，再就业的组织工作分散，再就业中心的作用未能有效发挥。事实上，在政府层面和企业内部成立再就业中心，职工下岗后即进入该中心，并接受其有效管理和服务，这不仅有利于搬迁企业实现减员增效，也可更好地保障下岗职工的权益，促进其再就业。再就业中心的功能包括了为下岗职工发放基本生活费和代下岗职工缴纳养老、医疗、失业等社会保险费，组织下岗职工参加再就业培训，引导和帮助他们实现再就业等。但调查发现，Z 市无论是政府还是企业层面并未专设再就业中心，导致从事这方面工作的队伍力量较薄弱，促进再就业的工作也难于做到位，尤其是在组织下岗职工参加再就业培训方面还远远不能满足需求（如针对调查问题“您是否参加过再就业职业技能培训”，有 58.25% 的下岗员工表示没机会参加，如表 2–17 所示）。鉴于此，急需在政府和企业层面建立和健全再就业服务中心，并由该中心根据 Q 区搬迁改造企业下岗职工的实际情况开设各种能契合其诉求的培训课程，通过真正发挥好“中心”的桥梁作用，有效协调和处理下岗职工再就业过程中可能出现的需要各部门协同解决的各种问题。

表 2–17　是否参加过再就业职业技能培训

选项	小计 / 人	比例 /%
参加过	164	26.54
没机会参加	360	58.25
不想参加	90	14.56
（空）	4	0.65
本题有效填写人次	618	

七、社保的托底功效并未完全落实，个别职工生存维艰

一方面，失业金的领取条件非常严苛，很多下岗职工处于失业状态却无法领取失业金。由于失业金的领取前提是在失业之前，失业保险缴纳正常，且已经连续缴纳了一年以上；并且失业并非由自己主观意愿造成的（如被用人单位解除劳动合同等）。倘若是自身主动向单位辞职，则不能享受失业保险金。调查显示，Q 区搬迁改造企业下岗职工中有 33.2% 的职工由于种种原因并未领取过失业金（如表 2–18 所示）。

表 2–18　下岗职工失业金的领取情况

选项	小计 / 人	比例 /%
已登记，并领取过失业金	413	66.83
已登记，但未领取过失业金	43	6.96
未登记，也未领取过失业金	162	26.21
本题有效填写人次	618	

另一方面，下岗职工的养老保险缴纳情况也堪忧。Z 市“帮十条”中规定“对失业人员缴纳社会保险给予补贴”，但调查发现，有 41.2% 的下岗职工并未享受到此政策，其中，约有 20% 的下岗职工还未缴纳社会保险（如表 2–19 所示）。通过现场走访还发现，有些下岗职工还因生病产生的大量医疗费无法报销导致生活异常艰难。

表 2–19　下岗职工的社会保险缴纳情状况

选项	小计 / 人	比例 /%
就业单位和自己共同交	241	39
自己交费，并享受了社保补贴	122	19.74
自己交费，但未享受社保补贴	131	21.2
未交社保费	124	20.06
本题有效填写人次	618	

八、再就业政策的系统性还不够，公共就业服务有待加强

一方面，再就业帮扶政策的系统性与针对性尚嫌不足，用工环境尚待改善。坚持以人为本，保障改善民生，需要树立就业优先的理念，且其重点在于创造良好的经济和社会环境。不仅在产业政策上重视其就业带动功效，而且要构建宽松的就业环境，消除用工方面的性别歧视和年龄歧视，充分尊重和帮助劳动者实现就业权。调查发现，有些部门和企业对再就业工作流于形式，没有结合本地实际制订行之有效的工作计划，再就业的相关投入偏少。

事实上，前面的调查结果已表明，Q 区搬迁改造企业失业人员主要为两类，一类是因为年龄偏大，文化素质较低，职业技能单一；另一类是有意愿的创业者，但缺乏资金，找不到合适的项目。因此，应强化再就业帮扶政策的系统性和针对性，适当增加支持自主创业和培训补贴的力度，有针对性地开展契合市场需求的各类职业技能培训，营造出全社会关注 Q 区搬迁改造企业下岗职工就业的良好政策环境。

另一方面，政府促进再就业的行为还存在某些错位和缺位现象。针对问卷问题“您认为政府在促进再就业过程中最应该做哪些事”，统计结果如表 2–20 所示。

表 2–20　政府在促进再就业过程中应该强化的事项

选项	小计 / 人	比例 /%
增加与就业配套的补贴或福利	413	66.83
开展职业技能培训	247	39.97
完善就业信息渠道和咨询服务	313	50.65
消除就业歧视	257	41.59
（空）	3	0.49
本题有效填写人次	618	

容易看出，增加与就业配套的补贴或福利和完善就业信息渠道与咨询服务是目前下岗员工最关心的问题，这也说明相关部门在促进再就业的过

程中对这两个方面的工作亟须强化。政府不仅需要对现有的鼓励企业吸收下岗职工就业，以及鼓励下岗职工自主创业的优惠和补贴政策进行落地，从而不断拓宽新的就业渠道，广开就业门路；政府还要加强劳务供求双方信息的收集和管理，健全就业信息公示平台，完善对就业信息的核准、就业咨询和公益性就业岗位的开发管理等公共服务。

九、再就业政策的宣传力度不足，员工再就业观念亟须革新

从调查问卷的反馈情况来看，部分下岗失业人员对政府鼓励再就业的政策不太了解（如表 2–21 所示），如小额贷款、创业补贴、培训补贴和要求等政策，导致这些政策没有很好地产生期望的效果。

表 2–21　下岗职工对于帮扶政策的了解程度

选项	小计 / 人	比例 /%
熟悉	15	2.43
基本了解	170	27.51
不太了解	431	69.74
（空）	2	0.32
本题有效填写人次	618	

另外，调查中还发现不少下岗职工还存在较强的“面子”意识，甚至是一味追求“等靠要”。对此，必须通过多种形式的宣传教育，启发员工与时俱进，革新观念，不能再沉醉于“国有企业老大哥历史上曾做过重大贡献”这一自我膨胀状态，而应主动适应市场经济的要求，摆脱依赖思想，改变就业观，树立起“多渠道、多方位、多样化、多层面”的就业理念，并充分认识培训的重要性，通过不断提升自身业务能力和综合素质，主动出击去寻找就业机会。

十、Q 老工业区搬迁企业失业人员再就业问卷调查统计分析

1. 男女性别人数占比

表 2-22　男女性别人数占比

选项	小计 / 人	比例 /%
男	399	64.56
女	219	35.44
本题有效填写人次	618	

如表 2-22 所示，本次问卷调查分线上线下两种，调查海利、湘氮、株化、株冶以及昊华五家公司，共 618 名下岗员工参与其中，其中男性 399 人，占人数比 64.56%，女性人数 219 人，占人数比 35.44%。

2. 年龄分布

如前文表 2-7 所示，被调查员工当中 40 ~ 50 岁的人数最多，占比 52.43%，其次是 50 岁以上以及 30 ~ 40 岁，分别占比为 29.45% 和 16.83%，其中 30 岁以下人数最少，占比 1.29%。从年龄分布来看，下岗员工年龄偏高，面对下岗失业则造成相应问题增多。

3. 受教育程度

如前文表 2-8 所示，被调查员工受教育程度分布大多集中在中专或高中以及大专，分别占比 36.41% 和 33.66%。在面对现如今教育重视的时代，下岗员工能否找到相应满意的工作属于难题。

4. 健康状况

表 2-23　健康状况

选项	小计 / 人	比例 /%
良好	389	62.94
一般	190	30.74
较差	38	6.15
（空）	1	0.16
本题有效填写人次	618	

如表 2–23 所示，被调查员工大部分健康程度良好，极少数员工可能因为常年工作积压导致身体出现了一些病症，总体来说，员工的身体健康程度可以继续参加工作。

5. 以前工作岗位的性质

表 2–24　以前工作岗位的性质

选项	小计 / 人	比例 /%
技术人员	67	10.84
管理人员	128	20.71
技术工	125	20.23
操作工	245	39.64
其他	53	8.58
本题有效填写人次	618	

如表 2–24 所示，调查问卷列出了以下选项：技术人员、管理人员、技术工、操作工以及其他岗位，其中占比最高的是操作工人，占比为 39.64%，这与所调查的企业公司业务性质有关，大部分员工从事的是一些流水线工作。

6. 原来所在企业的类型

表 2–25　原来所在企业的类型

选项	小计 / 人	比例 /%
国有企业（已上市）	286	46.28
国有企业（未上市）	277	44.82
民营企业（已上市）	26	4.21
民营企业（未上市）	29	4.69
本题有效填写人次	618	

如表 2–25 所示，被调查员工原来所在企业类型集中在国有企业，其中上市企业与未上市企业各占比例相当，分别为 46.28% 和 44.82%。

7. 原来所在企业的规模

表 2–26　原来所在企业的规模

选项	小计 / 人	比例 /%
大型企业（＞1 000 人）	466	75.4
中型企业（300 ~ 1 000 人）	132	21.36
小型企业（20 ~ 300 人）	14	2.27
微型企业（＜20 人）	6	0.97
本题有效填写人次	618	

如表 2–26 所示，被调查员工原先所在企业规模集中在大型企业（＞1 000 人），占比为 75.4%，中型企业（300 ~ 1 000 人）其次，占比为 21.36%。

8. 现在的工作状态

如表 2–3 所示，被调查员工失业后有一半人数选择打零工或者短期工作，占比 51.13%，极小部分人选择自主创业，占比 6.31%，失业后从未工作以及有较稳定工作占比相当，分别为 21.2% 和 21.36%。

9. 失业后是否到过劳动部门或再就业中心登记求职，是否领取过失业金

如表 2–18 所示，被调查员工失业后近三分之二的人数去劳动部门登记并领取过失业金，占比为 66.83%，少数人登记，但未领取过失业金，占比 6.96%，剩下的员工未登记过，也未领取过失业金，占比 26.21%。

10. 最希望的再就业方式

如表 2–10 所示，被调查员工失业后希望能够有一份稳定性就业，占比为 84.14%。

11. 自主创业最大的问题

表 2–27　自主创业最大的问题

选项	小计 / 人	比例 /%
能力不足	147	23.79
找不到合适项目	162	26.21
缺乏资金	222	35.92
政策支持力度不足	66	10.68
家庭不支持	19	3.07
（空）	2	0.32
本题有效填写人次	618	

如表 2–27 所示，被调查员工回答自主创业的最大问题时，回答各有不同，其中选择缺乏资金、找不到合适的项目以及能力不足这三个答案人数最多，分别占比为 35.92%、26.21% 以及 23.79%，有少数人选择政策支持力度不够和家庭不支持，分别占比为 10.68% 以及 3.07%。

12. 是否领过创业补贴或使用过创业担保贷款

表 2–28　是否领过创业补贴或使用过创业担保贷款

选项	小计 / 人	比例 /%
两者都享受过	3	0.58%
领过创业补贴，但未使用过创业担保贷款	7	1.34%
两者都未享受过	494	94.82%
未领过创业补贴，但使用过创业担保贷款	17	3.26%
本题有效填写人次	521	

如表 2–28 所示，在 618 份问卷当中，有效填写人次为 521 人，其中绝大多数人选择的是未领过创业补贴或使用过创业担保贷款，占比 94.82%，由于大部分人是未自主创业，所以此项选择人数暴增。

13. 再就业希望选择的职业

表 2–29　再就业希望选择的职业

选项	小计 / 人	比例 /%
原职业	98	15.86
轻松体面、收入偏低也行的职业	117	18.93
具有挑战性的新职业	78	12.62
只要收入较高，辛苦一点也行的职业	322	52.1
（空）	3	0.49
本题有效填写人次	618	

如表 2–29 所示，被调查员工当中近一半人选择只要收入较高，辛苦一点也行的职业，其中占比为 52.1%，其他选择人数较为均匀，选择原职业、轻松体面工作以及具有挑战性的新职业，分别占比为 15.86%、18.93% 以及 12.62%。

14. 寻求再就业采取的渠道

如表 2–11 所示，被调查员工中寻求再就业渠道集中在两种：家人朋友介绍以及自己通过招聘广告寻找，分别占比为 33.82% 以及 37.86%。

15. 再次找工作的主要困难

如表 2–9 所示，被调查员工再次就业所面临的困难主要为因年龄偏大遭歧视、工作岗位少、岗位技能不足以及缺失求职信息，从中我们可以得到两点信息，其一就业有年龄歧视，其二由于学历偏低，岗位技能少成为再就业的主要问题。

16. 失业的时长

表 2–30　失业的时长

选项	小计 / 人	比例 /%
0 ～ 6 个月	190	30.74
6 ～ 12 个月	102	16.5
1 ～ 3 年	187	30.26
3 年以上	136	22.01
（空）	3	0.49
本题有效填写人次	618	

如表 2-30 所示，被调查员工失业时间从 0 ~ 6 个月、6 ~ 12 个月、1 ~ 3 年、3 年以上都存在，其中占比最高的两个时间段为 0 ~ 6 个月和 1 ~ 3 年，分别占比为 30.74% 和 30.26%，这与被调查者打短期工类似，并没有找到一份稳定的工作。

17. 是否参加过再就业职业培训

如表 2-17 所示，大部分被调查员工对于再就业培训表示没机会参加，占比为 58.25%。近四分之一被调查者表示参与过，少数则表示不想参加。

18. 最希望参加哪方面的再就业培训

表 2-31　最希望参加哪方面的再就业培训

选项	小计 / 人	比例 /%
企业针对性的用工培训	199	32.2
钳工 / 焊工 / 电工	62	10.03
营销促销	24	3.88
家政服务 / 酒店服务 / 养老护理	22	3.56
创业类培训	102	16.5
其他	203	32.85
（空）	6	0.97
本题有效填写人次	618	

如表 2-31 所示，被调查员工对于再就业培训内容倾向于企业针对性用工培训以及其他，占比为 32.2% 和 32.85%。从中可得知，若要增加就业岗位机会，需要增加用工企业培训。

19. 对培训内容是否满意

如表 2-14 所示，被调查员工对于培训内容的满意度不高，基本满意占比 49.33%，不满意占比 39.54%。

20. 培训对工作是否有帮助

如表 2-15 所示，被调查员工当中近一半认为培训对再就业帮助不大，占比 50.48%。四分之一员工认为没有帮助，占比 25.72%，剩余的人认为有帮助，占比 23.8%。

21. 参加再就业培训是否享受过培训费补贴、生活补贴和职业技能鉴定费补贴

表 2–32　参加再就业培训是否享受过培训费补贴、生活补贴和职业技能鉴定费补贴

选项	小计 / 人	比例 /%
享受了培训补贴和生活补贴	40	7.68
享受了培训补贴和职业技能鉴定补贴	20	3.84
只享受了培训补贴	44	8.45
都享受过	9	1.73
都没享受过	408	78.31
本题有效填写人次	521	

如表 2–32 所示，被调查员工绝大多数未享受过培训费补贴、生活补贴和职业技能鉴定费补贴，占比 78.31%。只有极少数员工享受过三种补贴，占比 1.73%。

22. 目前的再就业培训最需要改善的地方

如表 2–16 所示，被调查员工对于再就业培训最需要改善的地方有不同的意见，认为培训课程和内容对就业帮助不大，占比 36.25%；认为培训机会不多，占比 31.39%；认为培训时间和地点缺乏灵活性以及培训补贴的力度不大，分别占比为 15.53% 和 14.89%。

23. 期望从事的行业

表 2–33　期望从事的行业

选项	小计 / 人	比例 /%
制造业	162	27.46
商贸流通业	93	15.76
餐饮住宿行业	21	3.56
保险、咨询等中介机构	11	1.86
农林牧渔业	16	2.71
其他	284	48.14
（空）	3	0.51
本题有效填写人次	590	

如表 2–33 所示，被调查员工期望从事的行业各有不同，图中已有职业占比最高为制造业，占比为 27.46%，商贸流通业其次，占比为 15.76%，选择其他职业占比最高，为 48.14%。

24. 现在实际从事的行业

表 2–34　现在实际从事的行业

选项	小计 / 人	比例 /%
制造业	130	22.03
商贸流通业	40	6.78
餐饮住宿行业	26	4.41
保险、咨询等中介机构	14	2.37
农林牧渔业	4	0.68
其他	369	62.54
（空）	7	1.19
本题有效填写人次	590	

如表 2–34 所示，被调查员工下岗后实际从事的行业当中，其他选项占比最高，占比为 62.54%，其次是制造业，占比为 22.03%，这可能与原职业相关，在以往公司中从事制造业流水线方面的工作。

25. 期望从事的工作岗位

表 2–35　期望从事的工作岗位

选项	小计 / 人	比例 /%
管理人员	223	36.08
技术人员	97	15.7
技术工	122	19.74
操作工	115	18.61
老板或股东	57	9.22
（空）	4	0.65
本题有效填写人次	618	

如表 2–35 所示，被调查员工期望从事的岗位当中，管理人员占比最大，占比为 36.08%，其次是技术工和操作工，分别占比为 19.74% 和 18.61%，技术人员和老板或股东占比随后，分别为 15.7% 和 9.22%。

26. 现在实际从事的工作岗位

表 2–36　现在实际从事的工作岗位

选项	小计 / 人	比例 /%
管理人员	162	27.46
技术人员	79	13.39
技术工	98	16.61
操作工	197	33.39
老板或股东	45	7.63
（空）	9	1.53
本题有效填写人次	590	

如表 2–36 所示，被调查员工现在实际从事的工作岗位中，操作工和管理人员占比位居前位，分别为 33.39% 和 27.46%，其他从高到低依次是技术工、技术人员以及老板或股东，分别占比为 16.61%、13.39% 和 7.63%。

27. 对现在的工作是否适应

表 2–37　对现在的工作是否适应

选项	小计 / 人	比例 /%
适应	130	21.04
基本适应	290	46.93
不适应	165	26.7
（空）	33	5.34
本题有效填写人次	618	

如表 2–37 所示，当询问调查员工对现在工作是否适应，得到基本适应答案的占比为 46.93%，不适应占比为 26.7%，适应占比为 21.04%。

28. 对现工作的收入是否满意

如表 2–4 所示，被调查员工对目前工作收入不满意占比达到了一半以上，占比为 50.97%，基本满意占比为 36.41%，只有少数人满意目前的工作收入，占比为 7.28%。

29. 根据自身情况期望的月收入

如表 2–12 所示，被调查员工期望的月收入在 5 000 元以上的占比最多，达到了 43.2%，4 000 ~ 5 000 元其次，达到了 27.18%，3 000 ~ 4 000 元占比达 18.93%，2 500 ~ 3 000 元占比达 7.12%，2 000 ~ 2 500 元占比达 2.27%，2 000 元以下占比为 1.13%。

30. 目前实际的月收入

如表 2–13 所示，被调查员工的实际收入与期望收入偏差较大，2000 元以下占比最大，占比为 32.36%，其他各个收入阶段人数不相上下。

31. 现在缴纳社会保险的情况

如表 2–19 所示，在被调查员工缴纳社保情况中，就业单位和自己共同交占比最大，占比为 39%，未交社保费占比为 20.06%，自己交费享受了社保补贴或未享受社保补贴占比分别为 19.74% 和 21.2%。

32. 对政府的再就业帮扶政策是否了解

如表 2–21 所示，被调查员工对于政府再就业帮扶政策不太了解占绝大多数，占比为 69.74%，基本了解占比为 27.51%，只有少数人熟悉帮扶政策，占比为 2.43%。

33. 是否愿意接受公益性托底岗位

表 2–38 是否愿意接受公益性托底岗位

选项	小计 / 人	比例 /%
愿意	164	26.54
若工资适当提高就愿意	349	56.47
不愿意	102	16.5
（空）	3	0.49
本题有效填写人次	618	

如表 2–38 所示，被调查员工对于是否愿意接受公益性托底岗位，有近一半的员工认为只要工资适当提高就愿意，占比为 56.47%，有近四分之一的员工表示愿意，占比为 26.54%，剩余人未填写或者不愿意，占比为 16.99%。

34. 认为政府在促进再就业过程中最应该做的事

如表 2–20 所示，被调查员工认为政府在促进再就业的过程中最应该做的事是：增加与就业配套的补贴或福利、完善就业信息获取渠道和咨询服务，分别占比为 66.83% 和 50.65%。从这两项得知，下岗员工在意再就业的收入以及再就业过程中获取新工作的咨询通道。

十一、交叉分析

1. 学历与前工作岗位性质交叉分析

表 2–39　学历与前工作岗位性质交叉分析

人数 / 占比	技术人员	管理人员	技术工	操作工	其他	小计 / 人
小学	1（33.33%）	1（33.33%）	0（0.00%）	1（33.33%）	0（0.00%）	3
初中	0（0.00%）	2（2.17%）	15（16.30%）	69（75%）	6（6.52%）	92
中专 / 高中	10（4.44%）	16（7.11%）	66（29.33%）	109（48.44%）	24（10.67%）	225
大专	33（15.87%）	62（29.81%）	36（17.31%）	56（26.92%）	21（10.10%）	208
本科及以上	23（25.56%）	47（52.22%）	8（8.89%）	10（11.11%）	2（2.22%）	90

如表 2–39 所示，被调查员工学历大多集中在中专 / 高中以及大专，近 70%，其次是初中学历以及本科学历，小学学历最少。从图中可知，本科及以上学历大部分从事的是管理岗位，其他学历大部分从事操作工岗位，只有少部分大专学历从事管理岗位。由此可以得知，学历高低与从事岗位有一定的联系，学历越高从事管理岗位机会越多，相反，学历越低，从事基层工作岗位的机会就越多。

2. 工作状态、是否领取失业金交叉分析

表 2–40　工作状态、是否领取失业金交叉分析

人数 / 占比	已登记，并领取过失业金	已登记，但未领取过失业金	未登记，也未领取过失业金	小计 / 人
自主创业	28（71.79%）	2（5.13%）	9（23.08%）	39
有较稳定的工作	72（54.55%）	8（6.06%）	52（39.39%）	132
打零工或有过短期工作	224（70.89%）	24（7.59%）	68（21.52%）	316
失业后从未工作过	89（67.94%）	9（6.87%）	33（25.19%）	131

如表 2–40 所示，被调查员工无论是自主创业、有较稳定工作、打零

工或有短期工作以及失业后从未有工作，他们其中绝大一部分都去登记，并领取过失业金。其中只有当员工有较稳定工作的时候，他们去领取失业金的倾向性没有其他三者高，只有近一半的稳定工作员工去领取失业金。因为未登记且未领取到失业金的占总人数的近四分之一，这需要用工企业在进行裁员的同时提醒员工或者政府部门加大下岗职工安置宣传力度，保证失业员工基本利益。

3. 年龄、再就业选择职业以及再就业途径交叉分析

表 2–41　年龄、再就业选择职业交叉分析

人数 / 占比	原职业	轻松体面、收入偏低也行的职业	具有挑战性的新职业	只要收入较高，辛苦一点也行的职业	（空）	小计 / 人
30 岁以下	0（0.00%）	1（12.5%）	2（25%）	5（62.5%）	0（0.00%）	8
30 ~ 40 岁	15（14.42%）	13（12.5%）	28（26.92%）	47（45.19%）	1（0.96%）	104
40 ~ 50 岁	49（15.12%）	54（16.67%）	31（9.57%）	189（58.33%）	1（0.31%）	324
50 岁以上	34（18.68%）	49（26.92%）	17（9.34%）	81（44.51%）	1（0.55%）	182

表 2–42　年龄、再就业途径交叉分析

人数 / 占比	自己通过招聘广告寻找	原企业内部转岗	政府安置	政府或劳务市场协助	原企业推荐就业	家人朋友介绍	（空）	小计 / 人
30 岁以下	3（37.5%）	1（12.5%）	0（0.00%）	2（25%）	0（0.00%）	2（25%）	0（0.00%）	8
30 ~ 40 岁	53（50.96%）	1（0.96%）	8（7.69%）	11（10.58%）	4（3.85%）	26（25%）	1（0.96%）	104
40 ~ 50 岁	121（37.35%）	9（2.78%）	24（7.41%）	43（13.27%）	5（1.54%）	121（37.35%）	1（0.31%）	324
50 岁以上	57（31.32%）	14（7.69%）	21（11.54%）	20（10.99%）	9（4.95%）	60（32.97%）	1（0.55%）	182

如表 2–41 和表 2–42 所示，在被调查员工当中，不论哪个年龄阶段选择的职业都是只要收入高，辛苦一点也无所谓，但是在寻找工作的途径方面有所差别。由于 30 岁以下被调查员工的人数太少，不做统计依据，从 30 ~ 40 岁、40 ~ 50 岁以及 50 岁以上，自己通过广告招聘占多数，但

是随着年龄越大，自己寻找再就业工作的比重降低，增加的是家人朋友介绍再就业工作机会，这可能是因为随着年龄的增大，通过广告招聘的方式寻找再就业的成功率不高，需要家人朋友推荐才能进行再就业。在表2–42中，其余四种方式寻找再就业途径选择的人数不多，其中政府与企业需要加大力度扶持下岗员工再就业，尤其是年龄相对偏大的员工，改善当前下岗员工再就业环境，帮助老龄化员工，让一些具备劳动能力的中年员工能够找到一份满意的工作，让下岗员工实现真正意义上的再就业。

4. 年龄、受教育程度以及再就业主要困难交叉分析

表2–43 年龄、受教育程度以及再就业主要困难交叉分析

人数/占比	缺失求职信息	工作岗位少	岗位技能不足	不懂面试技巧	因年龄偏大遭歧视	性别歧视	（空）	小计/人
30岁以下/小学	0（0.00%）	0（0.00%）	1（100%）	0（0.00%）	1（100%）	0（0.00%）	0（0.00%）	1
30岁以下/初中	0（0.00%）	0（0.00%）	0（0.00%）	0（0.00%）	0（0.00%）	0（0.00%）	0（0.00%）	0
30岁以下/中专/高中	0（0.00%）	1（50%）	2（100%）	1（50%）	0（0.00%）	0（0.00%）	0（0.00%）	2
30岁以下/大专	2（40%）	4（80%）	4（80%）	0（0.00%）	0（0.00%）	0（0.00%）	0(0.00%)	5
30岁以下/本科及以上	0（0.00%）	0（0.00%）	0（0.00%）	0（0.00%）	0（0.00%）	0（0.00%）	0（0.00%）	0
30～40岁/小学	0（0.00%）	0（0.00%）	0（0.00%）	0（0.00%）	0（0.00%）	0（0.00%）	0（0.00%）	0
30～40岁/初中	2（50%）	2（50%）	2（50%）	0（0.00%）	2（50%）	0（0.00%）	0（0.00%）	4
30～40岁/中专/高中	9（47.37%）	8（42.11%）	8（42.11%）	5（26.32%）	5（26.32%）	1（5.26%）	1（5.26%）	19
30～40岁/大专	29（50.88%）	26（45.61%）	24（42.11%）	8（14.04%）	24（42.11%）	3（5.26%）	0（0.00%）	57
30～40岁/本科及以上	8（33.33%）	12（50%）	8（33.33%）	5（20.83%）	11（45.83%）	4（16.67%）	0（0.00%）	24

续表

人数/占比	缺失求职信息	工作岗位少	岗位技能不足	不懂面试技巧	因年龄偏大遭歧视	性别歧视	（空）	小计/人
40～50岁/小学	0（0.00%）	0（0.00%）	0（0.00%）	0（0.00%）	0（0.00%）	0（0.00%）	0（0.00%）	0
40～50岁/初中	18（31.03%）	18（31.03%）	32（55.17%）	1（1.72%）	43（74.14%）	4（6.90%）	0（0.00%）	58
40～50岁/中专/高中	34（23.94%）	70（49.30%）	49（34.51%）	6（4.23%）	118（83.10%）	3（2.11%）	2（1.41%）	142
40～50岁/大专	17（19.10%）	38（42.70%）	41（46.07%）	0（0.00%）	82（92.13%）	0（0.00%）	0（0.00%）	89
40～50岁/本科及以上	9（25.71%）	17（48.57%）	10（28.57%）	4（11.43%）	28（80%）	2（5.71%）	0（0.00%）	35
50岁以上/小学	0（0.00%）	1（50%）	1（50%）	0（0.00%）	2（100%）	0（0.00%）	0（0.00%）	2
50岁以上/初中	2（6.67%）	9（30%）	19（63.33%）	1（3.33%）	27（90%）	2（6.67%）	0（0.00%）	30
50岁以上/中专/高中	13（20.97%）	23（37.10%）	24（38.71%）	4（6.45%）	57（91.94%）	3（4.84%）	0（0.00%）	62
50岁以上/大专	18（31.58%）	29（50.88%）	6（10.53%）	1（1.75%）	51（89.47%）	5（8.77%）	2（3.51%）	57
50岁以上/本科及以上	16（51.61%）	14（45.16%）	1（3.23%）	1（3.23%）	29（93.55%）	1（3.23%）	0（0.00%）	31

如表2–43所示，由于30岁以下被调查员工的数量少，故不作为调查依据。30～40岁本科学历以下的被调查者选择工作岗位少、岗位技能不足，占比最大，而30～40岁本科及以上学历认为造成再就业的主要困难源自就业单位的年龄歧视。随着年龄越大，选择再就业困难源自年龄歧视的也就越多。除了年龄歧视以外，就业岗位以及岗位技能也是重要的选

择项，在此可以得出再就业者需要加强自身建设、熟练掌握岗位技能，保证上岗完成相应任务的同时，政府也需要解决年龄歧视的问题，监督用工企业不能因为年龄大排挤一些能上岗工作的员工。

5. 年龄、受教育程度以及是否了解政府再就业的帮扶政策

表 2–44　年龄、受教育程度以及是否了解政府再就业帮扶政策

人数 / 占比	熟悉	基本了解	不太了解	（空）	小计 / 人
30 岁以下 / 小学	0（0.00%）	0（0.00%）	1（100%）	0（0.00%）	1
30 岁以下 / 初中	0（0.00%）	0（0.00%）	0（0.00%）	0（0.00%）	0
30 岁以下 / 中专 / 高中	0（0.00%）	2（100%）	0（0.00%）	0（0.00%）	2
30 岁以下 / 大专	0（0.00%）	1（20%）	4（80%）	0（0.00%）	5
30 岁以下 / 本科及以上	0（0.00%）	0（0.00%）	0（0.00%）	0（0.00%）	0
30 ~ 40 岁 / 小学	0（0.00%）	0（0.00%）	0（0.00%）	0（0.00%）	0
30 ~ 40 岁 / 初中	0（0.00%）	2（50%）	2（50%）	0（0.00%）	4
30 ~ 40 岁 / 中专 / 高中	1（5.26%）	5（26.32%）	13（68.42%）	0（0.00%）	19
30 ~ 40 岁 / 大专	3（5.26%）	14（24.56%）	40（70.18%）	0（0.00%）	57
30 ~ 40 岁 / 本科及以上	0（0.00%）	9（37.5%）	15（62.5%）	0（0.00%）	24
40 ~ 50 岁 / 小学	0（0.00%）	0（0.00%）	0（0.00%）	0（0.00%）	0
40 ~ 50 岁 / 初中	0（0.00%）	21（36.21%）	36（62.07%）	1（1.72%）	58
40 ~ 50 岁 / 中专 / 高中	2（1.41%）	29（20.42%）	111（78.17%）	0（0.00%）	142
40 ~ 50 岁 / 大专	2（2.25%）	27（30.34%）	60（67.42%）	0（0.00%）	89
40 ~ 50 岁 / 本科及以上	3（8.57%）	13（37.14%）	19（54.29%）	0（0.00%）	35
50 岁以上 / 小学	1（50%）	0（0.00%）	1（50%）	0（0.00%）	2
50 岁以上 / 初中	1（3.33%）	8（26.67%）	21（70%）	0（0.00%）	30
50 岁以上 / 中专 / 高中	0（0.00%）	15（24.19%）	47（75.81%）	0（0.00%）	62
50 岁以上 / 大专	1（1.75%）	12（21.05%）	43（75.44%）	1（1.75%）	57
50 岁以上 / 本科及以上	1（3.23%）	12（38.71%）	18（58.06%）	0（0.00%）	31

如表 2–44 所示，在被调查员工中，我们发现年龄对于是否了解政府的帮扶政策影响不大，所有年龄段都不太了解政府的帮扶政策，不会因为被调查员工的年龄偏大而不了解政策，只有在学历方面有一定的影响，学

历越高对于政府的帮扶政策就了解得越多，这里的了解程度也是相对而言的。这里我们得出结论，政府的帮扶政策需要进一步加大宣传力度，同时也需要用工企业进行引导，保证在职员工或者原企业员工了解政府的帮扶政策，保证员工的切身利益。

6. 目前的工作状态和认为政府在促进再就业过程中最应该做的事交叉分析

表 2–45　目前的工作状态和认为政府在促进再就业过程中最应该做的事交叉分析

人数 / 占比	增加与就业配套的补贴或福利	开展职业技能培训	完善就业信息渠道和咨询服务	消除就业歧视	（空）	小计 / 人
自主创业	28（71.79%）	16（41.03%）	21（53.85%）	13（33.33%）	0（0.00%）	39
有较稳定的工作	95（71.97%）	44（33.33%）	79（59.85%）	44（33.33%）	1（0.76%）	132
打零工或有过短期工作	201（63.61%）	147（46.52%）	147（46.52%）	135（42.72%）	1（0.32%）	316
失业后从未工作过	89（67.94%）	40（30.53%）	66（50.38%）	65（49.62%）	1（0.76%）	131

如表 2–45 所示，被调查员工中，无论是自主创业、有稳定工作、打零工或有短期工作以及失业后从未有工作都认为在再就业过程中政府需要增加与就业配套的补贴或福利以及完善就业信息获取渠道和咨询服务，即政府需要保障相应下岗员工的安置补贴以及帮助完善下岗员工再就业途径，可以主要从以下几个方面入手。

①增加更多的合适岗位。

②保证失业员工能够享受到失业补贴，渡过失业期。

③完善就业渠道，方便失业员工咨询就业服务。

7. 目前实际月收入与是否愿意接受公益性托底岗位交叉分析

表 2–46 目前实际月收入与是否愿意接受公益性托底岗位交叉分析

人数 / 占比	愿意	若工资适当提高就愿意	不愿意	（空）	小计 / 人
5 000 元以上	16（17.39%）	42（45.65%）	33（35.87%）	1（1.09%）	92
4 000 ~ 5 000 元	25（29.76%）	47（55.95%）	12（14.29%）	0（0.00%）	84
3 000 ~ 4 000 元	28（32.56%）	44（51.16%）	14（16.28%）	0（0.00%）	86
2 500 ~ 3 000 元	14（17.5%）	56（70%）	10（12.5%）	0（0.00%）	80
2 000 ~ 2 500 元	17（23.61%）	46（63.89%）	9（12.5%）	0（0.00%）	72
2 000 元以下	64（32%）	112（56%）	23（11.5%）	1（0.5%）	200

如表 2–46 所示，被调查员工中选择不愿意接受公益性托底岗位占比最高的是收入 5 000 元以上，占月 5 000 元收入员工人数的 35.87%。其中，愿意接受公益性托底岗位的两个收入阶层是月 3 000 ~ 4 000 元和月 2 000 元以下，分别占各收入阶层的 32.56% 和 32%。其中，若工资适当提高就愿意参加公益性托底岗位的工资阶层为 2 500 ~ 3 000 元，占该阶层的 70%。由此我们可以得知，若公益性托底岗位工资能够达到 3 000 元以上，提供该岗位可以大大增加失业员工的就业率。

8. 是否参加过再就业职业技能培训与现在工作状态以及再就业培训最需要改善地方交叉分析

表 2–47 是否参加过再就业职业技能培训与现在工作状态交叉分析

人数 / 占比	自主创业	有较稳定的工作	打零工或有过短期工作	失业后从未工作过	小计 / 人
参加过	14（8.54%）	35（21.34%）	87（53.05%）	28（17.07%）	164
没机会参加	20（5.56%）	69（19.17%）	193（53.61%）	78（21.67%）	360
不想参加	5（5.56%）	27（30%）	36（40%）	22（24.44%）	90

表 2-48　是否参加过再就业职业技能培训与再就业培训最需要改善地方交叉分析

人数 / 占比	培训补贴的力度不大	培训的课程和内容对再就业帮助不大	培训机会不多	培训的时间和地点缺乏灵活性	（空）	小计 / 人
参加过	31（18.90%）	67（40.85%）	42（25.61%）	23（14.02%）	1（0.61%）	164
没机会参加	47（13.06%）	113（31.39%）	135（37.5%）	59（16.39%）	6（1.67%）	360
不想参加	14（15.56%）	42（46.67%）	17（18.89%）	14（15.56%）	3（3.33%）	90

如表 2-47 所示，被调查员工失业后大部分目前的工作状态是打零工或有过短期工作，对于参加过再就业职业技能培训的失业员工，在就业方面有稳定工作的占比上升，但无规律，参加过再就业职业技能培训的失业员工自主创业的占比有所上升，但不够明显。如表 2-48 所示，无论是否参加过就业培训都认为培训的课程和内容对再就业帮助不大，占比最高。据此，政府应该考虑再就业培训是否改变现有模式，将再就业职业技能培训的内容与实际工作接轨，加大再就业职业技能培训的宣传力度，保证更多失业员工参与其中，同时也保证参与技能培训的失业员工有所收获，这样才能增加再就业，提高失业人员的满意度。

9. 性别、工作状态以及再次找工作的主要困难交叉分析

表 2-49　性别与工作状态交叉分析

人数 / 占比	自主创业	有较稳定的工作	打零工或有过短期工作	失业后从未工作过	小计 / 人
男	26（6.52%）	79（19.80%）	212（53.13%）	82（20.55%）	399
女	13（5.94%）	53（24.20%）	104（47.49%）	49（22.37%）	219

如表 2-49 所示，在被调查员工中，有 399 名男性，219 名女性，两个性别当中的工作状态占比最高都是打零工或者有过短期工作，女性有稳定工作的占比比男性占比高。这里初步得出结论，在目前环境中失业员工再就业寻找工作不存在性别歧视。于是，进一步交叉分析男女性别差异与再

次找工作中存在的主要困难。

表 2–50　性别与再次找工作的主要困难交叉分析

人数 / 占比	缺失求职信息	工作岗位少	岗位技能不足	不懂面试技巧	因年龄偏大遭歧视	性别歧视	（空）	小计 / 人
男	109（27.32%）	179（44.86%）	149（37.34%）	27（6.77%）	318（79.70%）	8（2.01%）	4（1.00%）	399
女	68（31.05%）	93（42.47%）	83（37.90%）	10（4.57%）	162（73.97%）	20（9.13%）	1（0.46%）	219

如表 2–50 所示，被调查员工当中无论是男性还是女性，认为再就业过程中性别歧视是主要困难的占比最少，即性别在失业员工找工作当中并不是主要困难，被调查员工当中男性与女性选择占比最高的是因年龄偏大遭歧视，分别占比为 79.7% 和 73.97%。由此可以得出，政府需要帮助失业人员找到合适的工作岗位，需要劝导企业不能因为年龄偏大而不招工，帮助失业人员解决年龄偏大遭歧视问题，能够在一定程度上提高就业率，提高再就业人员的满意度。

10. 寻求再就业渠道、实际月收入以及对现有工作满意度交叉分析

表 2–51　寻找就业渠道与对现有工作满意度交叉分析

人数 / 占比	满意	基本满意	不满意	（空）	小计 / 人
自己通过招聘广告寻找	14（5.98%）	83（35.47%）	126（53.85%）	11（4.70%）	234
原企业内部转岗	5（20%）	15（60%）	3（12%）	2（8%）	25
政府安置	3（5.66%）	11（20.75%）	38（71.70%）	1（1.89%）	53
政府或劳务市场协助	4（5.26%）	29（38.16%）	41（53.95%）	2（2.63%）	76
原企业推荐就业	1（5.56%）	7（38.89%）	8（44.44%）	2（11.11%）	18
家人朋友介绍	18（8.61%）	78（37.32%）	99（47.37%）	14（6.70%）	209

如表 2–51 所示，被调查员工当中通过政府安置以及政府或劳务市场协助安排的工作满意度最低，占比分别为 71.70% 和 53.95%。满意度最高的就业途径是原企业内部转岗和家人朋友介绍，分别占比为 20% 和 8.61%，

原因可能是企业内部转岗从事的是和以前相类似的工作，家人朋友介绍的工作可能在工资待遇方面会有所提高。具体原因通过实际工资进行分析。

表 2–52　寻找再就业渠道与实际月收入交叉分析

人数 / 占比	5 000 元以上	4 000 ~ 5 000 元	3 000 ~ 4 000 元	2 500 ~ 3 000 元	2 000 ~ 2 500 元	2 000 元以下	（空）	小计 / 人
自己通过招聘广告寻找	35（14.96%）	34（14.53%）	36（15.38%）	25（10.68%）	30（12.82%）	73（31.20%）	1（0.43%）	234
原企业内部转岗	7（28%）	7（28%）	6（24%）	2（8%）	0（0.00%）	3（12%）	0（0.00%）	25
政府安置	5（9.43%）	2（3.77%）	2（3.77%）	9（16.98%）	3（5.66%）	32（60.38%）	0（0.00%）	53
政府或劳务市场协助	7（9.21%）	11（14.47%）	13（17.11%）	15（19.74%）	6（7.89%）	24（31.58%）	0（0.00%）	76
原企业推荐就业	3（16.67%）	3（16.67%）	5（27.78%）	1（5.56%）	2（11.11%）	4（22.22%）	0（0.00%）	18
家人朋友介绍	35（16.75%）	25（11.96%）	24（11.48%）	28（13.40%）	31（14.83%）	64（30.62%）	2（0.96%）	209

如表 2–52 所示，在被调查员工中，月收入 2 000 以下的阶层占比最多的两个就业途径是政府安置和政府或劳务市场协助，分别占比为 60.38% 和 31.58%，5 000 以上工资阶层占比最高的两个就业途径是原企业内部转岗以及家人朋友介绍，这一点恰好验证了上面的观点，收入的高低会影响失业员工对于目前工作的满意度。因此，政府应当考虑适当提高安置工作的相关收入，确保每一位失业人员能够正常生活。

第三章　推进 Q 区搬迁改造企业失业人员再就业总体要求

第一节　Q 区搬迁改造企业失业人员的特点

一、群体性

Q 区搬迁改造企业失业人员数量多，就业难，很多人以前是同事，每个企业均有 QQ、微信交流群，离职后还是居住在同一个住宅小区，相互之间联系密切，一方面方便社区网格员开展进社区入户的就业状况调查和建档立卡，发布培训、招聘信息等，也方便失业人员相互交流就业信息，但另一方面，个体的困难、负面的情绪也容易蔓延，出现问题处理难度增大，如果不及时处理或处理不好，更容易引发群体事件，造成严重的社会问题。进城务工人员、大学毕业生更多地表现为个体，相对 Q 区搬迁改造企业失业人员来说，小范围就业容易些，出现就业方面的问题也容易解决，基本不会出现群体性事件。

二、依赖性

Q 区搬迁改造企业失业人员与进城务工人员、大学毕业生相比，依赖性更强。很多大型企业都有幼儿园、子弟学校、食堂、澡堂、俱乐部、医院等，俨然一个小社会。失业人员以前在企业，生老病死单位全包，长期以来，已经形成依赖的惯性，突然与原企业解除劳动合同，从单位出来，找不到工作，还是保留过去“有事找单位”的思维定式；再加上与原企业解除劳动合同，是响应政府号召，为产业转型升级、改善生态环境做贡献，出于无奈被动离职，在失业后找不到工作生活陷入困境时，想当然地找政府。Q 区搬迁改造企业失业人员再就业问卷调查主观题共收到 249 条答案，“政府”一词出现的频率达 65 次，答案中虽然没有出现“政府”一词，但诸如“经常性举办招聘会”“减少养老保险费用”“延长失业金发放、增加免费培训机会”“对大龄失业人员应加大政策倾斜力度”“提早退休年龄”“提高和增加失业人员失业补贴和福利待遇政策”“失业人员由社区负责组织信息咨询服务，组织培训后联系企业与人员的交接”等对政府提建议的高达 89 条。高校毕业生、进城务工人员则不一样，高校毕业生刚从学校毕业，离开父母庇护，初生牛犊不怕虎，朝气蓬勃，对一切都充满期望憧憬，处于朝气蓬勃“仗剑闯天涯”的时期；进城务工人员在农村生产生活一直习惯自给自足，从农村来到城市，在城市本来就一无所有，也没有什么单位组织可以依靠，这两大群体对政府对单位的依赖性不强。

三、再就业意愿强烈

Q 区搬迁改造企业失业人员处于 30 岁至 50 岁的员工占 70.55%，处于这个年龄段的人都是家庭的顶梁柱，上有老下有小，要缴纳社会保险，要赡养父母，要抚养小孩，肩负养家糊口的重任，失去工作就失去了收入来源，无以养家糊口，急需找到一份工作获取劳动报酬。

四、再就业期望值高

部分 Q 区搬迁改造企业效益好，职工待遇高，离职前工资普遍七、八千元；部分隶属于军区后勤部，1998 年与部队脱钩，划归 H 省石化局，2001 年划归央企中国化工集团，2015 年年底被民营资本收购，公司主要生产高端的农药化工产品，且 80% 销往日本、印度和巴基斯坦等国家，20% 内销，公司产销两旺，职工薪酬待遇好，职工也一直为自己拥有军工企业、央企职工的身份感到自豪。基于这些原因，很多失业人员找工作的定位偏高，期望找一份工资待遇好、又体面又轻松、与以前或央企或军工企业相当的工作，放不下面子，高不成低不就。调查显示，被调查员工期望月收入 5 000 元以上的占比最多，达到了 43.2%，期望月收入 4 000 ~ 5 000 元的占 27.18%；而目前实际月收入 4 000 元以上的仅占 28.48%，实际月收入 2 000 元以下的占到了 32.36%。

五、再就业困难

Q 区搬迁改造企业失业人员年龄偏大，4050 人员居多；学历层次整体偏低，普遍没有接受过高等教育，多数人在初、高中毕业后就进入工作岗位；技能单一，Q 地区企业职工长期从事冶炼化工行业，职业技能较为单一，城区冶炼化工企业关停后，以前在企业学会的管钳焊、化学检验、机修、化工操作等技能在失业后无用武之地。在讲学历、重文凭、论年龄、看技能的当今时代，这些都是找工作的瓶颈。再加上很多职工一辈子都工作、生活在 Z 市，家里又有老人和小孩需要照顾，不愿意离开熟悉的地方去原企业搬迁地转移就业，或者背井离乡到外地找工作就业。

六、容易产生不满情绪

Q 区搬迁改造企业失业人员响应政府号召，为产业转型升级、改善生态环境，出于无奈被动离职，在失业后找不到工作生活陷入困境时，很容易出现负面情绪，产生对政府、对社会、对原单位的不满，这些问题如果不能及时解决，很可能出现影响社会安定和谐的事件。高校毕业生年轻、学历高、有专业技术，相比于年龄偏大、学历偏低、技能单一的搬迁改造企业失业人员来说，更容易找到工作，即使短期内找不到工作，至少生活不会陷入困境，还有父母可以依靠，偶尔的低沉不会影响青春年少的心。不像 Q 区搬迁改造企业失业人员，大多是被依靠者，上有老下有小，找不到工作没有收入来源，生活就会陷入困境。进城务工人员虽然文化水平普遍不高，没有一技傍身，但他们定位不高，苦活、脏活、累活都愿意做，相比于 Q 区搬迁改造企业失业人员找工作顾及面子高不成低不就，他们更容易找到工作，退一万步讲，即使找不到工作，大不了还可以回家种田，无论如何不会危及生活，一般不会对政府、对社会产生不满。

第二节　推进 Q 区搬迁改造企业失业人员再就业的原则

一、人民至上

始终坚持人民至上，以人民对美好生活的向往为奋斗目标，始终同人民想在一起、干在一起，高度重视人民利益的实现。就业是最大的民生，关乎人民群众的切身利益。要把 Q 区搬迁改造企业失业人员的冷暖放在心上，紧紧围绕他们的心头之困、生活之急、发展之忧，“多做一些雪中送炭、急人之困的工作，少做一些锦上添花、花上垒花的虚功”。千方百计地解决失业人员遇到的困难，出台帮扶就业各项暖心措施，暂时不能解决的要创造条件加以解决，努力把企业搬迁改造对群众生活的影响降到最低，提高人民群众的幸福感。

二、人气至上

Q 片区面积 15.15 平方千米，153 家企业搬迁改造，涉及 2.86 万名职工，以前很多职工因为工作关系而选择居住 SF 区，失业后便搬离了，这里几乎变成空城。政府必须采取诸如发展产业、发展广场经济、发展地摊经济、发展新业态新模式、引入优质教育资源等各种措施集聚人气，有人气才有商机，才会有更多的就业岗位。

三、大局意识

Q 区搬迁改造企业失业人员为全市环境质量的改善做出了重要贡献，如果 Q 区企业不搬迁、不改造，继续高排放、高污染，受影响的不仅是 Q 区域，城市其他区域绝不可能独善其身，不受任何污染。从生态补偿角度来说，Q 区企业搬迁改造，受益的不仅仅是 Q 片区，城市其他区域空气质量都得到了改善，因此，Q 区搬迁改造企业失业人员再就业不仅仅是 SF 区的事，TY 区、LS 区、HT 区、JK 区都有责任和义务帮扶 Q 区失业人员再就业。Q 区搬迁改造失业人员再就业是个系统工程，不能单纯地依靠人社部门，也不能仅仅把目光局限于就业，要拓宽视野、打开思路，跳出就业谈就业，跳出就业小圈，把就业放到社会这个大圈来思考对策措施，需要政府各个职能部门共同施策，需要得到全社会的关注，需要教育、环保、城建、发改委、财政、工信等部门共同施策，集中力量办好就业帮扶这一民生大事，民方可安，政才能和。

四、长短结合

就业帮扶既要有从根本上解决问题的长远规划，又要有立竿见影解决眼前困境的短期措施。长远规划如建设生态宜居城市、发展产业、引入优质教育资源等立足长远从根本上解决就业问题，但远水解不了近渴，锦江水再多、再清澈甘甜也救不了车辙里的鲫鱼。搬迁改造企业失业人员从“单位人”变成“社会人”，失去了收入来源，需要在短时间内找到工作获取劳动报酬养家糊口，必须有立竿见影马上收到效果的措施帮助他们就业，否则的话，等到锦江水引来时活蹦乱跳的鲫鱼早已变成鱼干。

五、点面结合

解决 Q 区搬迁改造企业失业人员再就业的对策措施要“点面结合”，一方面要制定专门的文件办法，要有政策依据从创业补贴、培训补贴、社保缴费补贴、用工补贴等实施积极的再就业帮扶；要举办面点师、电工、焊工、钳工、家政服务、养老护理员和育婴员等技能培训，增强失业人员的就业能力；要深入企业搜集岗位信息，举办招聘会，利用 QQ、微信等平台发布招工信息，为失业人员再就业牵线搭桥，提高就业帮扶的整体效果。另一方面，要做到精准帮扶，发挥社区网格员的作用，调查了解失业人员的家庭情况、受教育程度、目前的工作状态、就业意愿等情况，建立起失业人员的信息网络系统，对失业人员实行一人一本台账，明确帮扶主体，落实帮扶措施，对家庭困难、夫妻双双失业、一家几口失业的重点帮扶人员实行点对点帮扶，精准匹配岗位信息并跟踪帮扶效果，确保每一个失业人员能通过就业获得劳动收入养家糊口，不因企业搬迁改造降低生活待遇。

六、自力更生和就业帮扶相结合

Q 区搬迁改造企业失业人员要发扬自力更生、自强不息的精神。政府和社会各界的帮扶是必要的，但是外部的支持只有和失业人员的自强不息、苦干实干结合起来，才能真正发挥作用。失业人员的自身努力，是解决困难的决定因素，是完成高质量充分再就业任务的基本保障。在推进 Q 区搬迁改造企业失业人员再就业过程中，要大力发扬自力更生、艰苦奋斗的精神。人民群众中蕴藏着巨大的潜力，要最大限度地发挥他们的积极性和创造性，克服“等靠要”思想，改变消极畏难和无所作为的精神状态，真正依靠自己的力量实现再就业。

第三节　推进 Q 区搬迁改造企业失业人员再就业的思路

一、优化社会生态环境，提高就业质量

我们党团结带领人民进行革命、建设、改革，根本目的就是为了让人民过上好日子。2020 年 7 月 28 日，习近平总书记在吉林考察时强调“要始终把人民安居乐业、安危冷暖放在心上”。安居乐业，出自《老子》，指安定地住在一地，愉快地从事自己的职业。“安居”“乐业”两者关系密切、互相促进，谁也离不开谁，安居才能乐业、乐业才能安居，互为前提、互相促进。如果城市空气质量差、水土污染严重、道路拥挤不堪、公共设施不齐全、人居环境差，优质教育资源稀缺、小孩入学难，接个零工活还要蹲守马路日晒雨淋，摆个地摊还要东躲西藏和城管玩猫捉老鼠游戏，那么工作生活在其中的居民就谈不上幸福，安居乐业也无从谈起。

推进Q区搬迁改造企业失业人员再就业，改善社会生态环境，让在此处工作生活的人们住得下、住得安心、住得舒心，提高就业质量，才能愉快地就业。结合Q片区乃至SF区目前的生态环境、城市建设、教育资源分布等情况，当务之急要推进三个方面的工作。

一是建设生态宜居城市，优化就业环境。充分利用SF区三面环山、一面临水的自然优势，合理安排生产、生活、生态空间，让Q城区成为宜业宜商、宜学、宜住的乐园。打好蓝天保卫战，治理土地污染；加快推进道路、公园等基础设施建设；打造综合性工业遗址公园；加快居民安置和医院、体育设施等配套服务建设。

二是引入优质教育资源，拓展就业新思路。教育是民族振兴、社会进步的重要基石。基础教育是为孩子一生奠基的事业，直接关系到广大人民群众的切身利益。目前，我国教育领域的主要矛盾表现为人民群众对优质教育资源的需要与优质教育资源短缺的矛盾。为了不让孩子输在起跑线上，每一个家长都想尽办法竞相争抢优质的教育资源。优质教育资源能直接迅速地带动周边房地产业发展，比其他区域贵2～3倍的学区房成为我国房地产业的一大特色，同时带动区域内餐饮、酒店、交通、银行、超市等其他产业的发展，迅速集人气、聚商气、敛财气，增加就业岗位，促进城市就业。SF区特别是Q城区基础教育资源缺乏，优质教育资源稀缺，为了满足人民群众对优质教育资源的需求，同时发挥优质教育资源迅速带动城市发展、增加就业岗位的特点，建议SF区尽早引进长沙四大名校，智力支持或托管Z市第三中学等基础教育学校，提升Q城区基础教育办学质量。

三是建设零工劳务超市，搭建就业新平台。城市存在大量零工，他们大多从事体力劳动或简单的技术活，工作时间、工作地点灵活，每天在固定的地方等待雇主，是典型的非正式的劳动力市场。零工的存在一方面适应了城市发展用工的需要；另一方面，也满足了有些零工在不放弃土地耕种和其他职业，或暂时找不到稳定合适工作的前提下，打短工增加收入养家糊口的个人需求，为进城务工人员、城市解除劳动合同失业人员、提前退养等一切有务工就业需求的人员就业搭建新平台，为缓解就业压力和解除贫困发挥积极作用。目前，Z 市城市五区一些马路边、立交桥下、城市广场、建材家具市场等流动人口聚集的地方都有规模不等的零工市场。零工游离在城市的边缘，没有得到应有的尊重和政府的认可。城市让生活更美好，城市管理要有精度，更要有温度，要让置身其中的人有更多的归属感。我们建议政府因势利导，在零工现有集聚地建立零工劳务超市，按照属地原则分别划归各街道劳动保障站管理，在不影响城市市容、道路交通、市民生活的前提下，合理规划和开设一批规范的零工劳务超市，搭建供需平台，引导务工人员和雇主进场进行洽谈交易。

二、统筹抓好经济社会发展，千方百计增加就业岗位

经济发展与就业两者相辅相成、相互促进，只有发展经济才能带动就业；反之，充分高质量的就业能保持经济的健康发展。2013 年 5 月 14 日，习近平总书记在天津考察时指出，没有一定增长不足以支撑就业，解决就业问题，根本要靠发展，把经济发展蛋糕做大，把就业蛋糕做大。经济增长是扩大就业的基础，只有筑牢就业基础，才能从根本上解决就业问题。基于 Q 区搬迁改造企业失业人员再就业的角度，结合 Q 城区、SF 区、Z 市的实际情况，重点从以下四个方面加快经济发展，千方百计地增加就业岗位。

一是发展劳动密集型优势特色产业，筑牢就业基础。产业吸收劳动力的能力巨大，产业发展的每一个过程都需要劳动力。首先，发展纺织服饰产业，充分发挥中南地区最大的服装批发市场群产业优势，充分发挥纺织服饰产业链上游纺织、中游成衣加工、下游服装贸易强大的吸收劳动力能

力的优势。其次，针对农村年轻劳动力主要流向城市、大量农田闲置的状况，引导Q区搬迁改造企业失业人员租用周边闲置农田，发展设施农业，从“失业工人”转变为“城市农民”，走出一条从城市到农村的就业创业之路。再次，根据Q区工业遗产类型多、保存好且集中分布的特点，重点发展工业文化旅游产业，促进经济转型和产业发展，充分挖掘吃、住、行、学、娱、乐、购服务业，吸纳就业最多、能力最强的潜能，带动就业增长。

二是发展广场经济，拓宽就业渠道。充分发挥XSL广场地理位置的优越性，采取招商引进大型商场超市、改造道路等措施，将XSL广场打造成Q城区商业中心，带动广场周边的房地产、楼宇经济升温，促进广场周边商场、餐饮、宾馆、广告、租赁、超市等服务业的快速发展，催生新的就业岗位，为Q区搬迁改造企业失业人员再就业乃至全市稳就业提供更多的岗位。

三是发展地摊经济，缓解就业压力。地摊经济，是指通过摆地摊获得收入来源形成的一种经济形式，具有创业“门槛低”、失败“风险低”、商品“价格低”、就业岗位多的特点。发展“地摊经济”可以解决部分群众的就业难题，缓解就业压力。Z市是座移民城市，也是座人情味相当浓的城市，地摊经济曾是Z市服装市场崛起的源头所在，近几年“湘江边的旧书摊”成了有名的河西湘江风光带打卡点。政府应该根据城市文化和产业布局，引导不同业态的“地摊经济”，推进地摊经济轮式运营，为文化程度低、年龄偏大、技能单一、无法外出务工的Q区搬迁改造企业失业人员和贫困家庭提供灵活就业、居家就业的新路子。

四是培育新业态新模式，打开就业新空间。线上零售、线上教育、线上娱乐、远程办公等，驱动生活服务业数字化提速，催生了以无接触服务等为代表的新业态、新模式，新业态、新模式的发展，创造了更多的就业岗位，其中不乏专业技术人员，但是更多的是体力劳动为主，例如外卖骑手、直播主播、专车司机、快递员；就业形势非常灵活、有弹性，一人可以身兼数职，上午开专车、下午送外卖、晚上代驾。政府部门应该多做宣传引导培训，鼓励失业人员从事快递、美团骑手、代驾等灵活就业，解决眼前的困境；并对他们进行一些简单的、基本的，如下载APP、网上支付、共享平台接单等操作流程的培训。其次，要认真研究“新就业形态”下劳动用工的特点、趋势和相关政策措施，从劳动报酬、工作时间、职业安全等方面明确标准、做好保障，在促进“新就业形态”健康发展的同时，切实维护好劳动者的合法权益。

三、加强政府公共就业服务能力，精准发力完成再就业目标

党的十九大明确提出，就业是最大的民生，要坚持就业优先战略和积极就业政策，提供全方位公共就业服务。推进全方位公共就业服务是做好就业创业工作的重要举措，有利于保障和改善民生，推动经济高质量发展，促进社会和谐稳定。为更好地服务稳就业工作，推动Q区搬迁改造企业失业人员实现更高质量和更充分的就业，重点做好以下工作。

一是建立横向生态补偿机制，实行再就业对口帮扶。Q区老工业企业搬迁改造，Q城区、SF区、整个Z市的空气质量，湘江Z市段水质提高，生态环境明显改善，受益的不仅仅是Q区搬迁改造企业员工，SF区、TY区、LS区、HT区、JK区都是受益者，人民群众获得感、幸福感明显提升。这些成绩的取得，SF区政府、Q区搬迁改造企业、企业员工付出了代价和牺牲，做出了重要贡献。由于Q区搬迁改造企业失业人员数量多、年龄偏大、文化水平低、技能单一，就业困难，Q区搬迁改造企业失业人员再就业工作责任大、时间紧迫、任务艰巨，单纯依靠SF区的力量做好公共就业服务有难度，TY区、LS区、HT区、JK区都有责任义务帮扶。建立横向生态补偿机制，实行Q区搬迁改造企业失业人员再就业区级对口帮扶，划定“责任田”“一对一”提供援助，能够分担SF区公共就业服务的压力，

凝聚就业帮扶的强大合力，及时有效解决Q区搬迁改造企业失业人员再就业难的问题。

二是提升就业服务平台，推进再就业精准帮扶。实行再就业精准帮扶，修补完善原有的帮扶体制机制，通过有效、合规的程序，把就业困难人员、困难家庭识别出来，开展进社区入户的就业状况调查和建档立卡工作。针对帮扶对象的贫困情况明确责任人和帮扶措施，确保帮扶效果。建立起就业困难人员的信息网络系统，将帮扶对象的基本资料、动态情况录入系统，实施动态管理。

三是精准开展再就业培训，提高失业人员再就业能力。开展再就业培训，有利于提高失业人员转岗就业能力，有利于进一步提高就业工作的效果，对促进失业人员实现再就业具有积极的、重要的作用。首先加大再就业职业技能培训的宣传力度，确保“应培尽培、奉培到底”。其次搞好摸底调查，开展培训供求情况的调查，掌握失业人员的数量、素质状况和就业意向，建立失业人员培训需求档案，针对不同对象开展精准培训。再次对接市场和产业发展需求，完善与就业创业相衔接的培训课程和内容，建立职业技能培训项目清单，及时向社会公布并动态调整。

四是充分发挥搬迁改造企业作用，为再就业牵线搭桥。Q区搬迁改造企业应该充分利用熟悉掌握解除劳动合同人员个体情况，为解除劳动合同人员、提前内退人员等有就业需求的人员牵线搭桥，帮助他们实现再就业。搬迁企业有用工需求，在改变用工性质的前提下优先聘用解除劳动合同人员，努力稳定就业岗位，与员工携手渡过难关。

五是引导失业人员转变思想，树立正确的再就业观。Q老工业区企业搬迁改造，是政府为了产业转型升级、改善生态环境做出的重大决策，对企业搬迁改造后失业人员的困难不会坐视不管，但政府、社会的支持帮助只有和失业人员自强不息结合起来，才能真正发挥作用。失业人员自身的努力，是解决困难实现再就业的决定因素。Q 区搬迁改造企业失业人员要转变思想，克服“等靠要”的思想，以前在企业的技能在很多时候用不上，那就从头开始，重新学习掌握一门技能，在变局中开拓发展新局面。树立正确的就业观，放低身段，打开视野，找不到“一职定终身”待遇好的工作，保安、保险、保洁、零工、快递员、代驾等灵活用工、弹性就业也能获得劳动报酬可以养家；创不了业，做不了大老板，在马路上摆地摊、做微商电商、网络直播也能养家糊口，只要是劳动就值得尊重。

第四章　优化社会生态环境，提高就业质量

第一节　建设生态宜居城市，优化就业环境

一、生态宜居城市概述

（一）生态宜居城市的内涵

生态宜居城市是“生态城市”和“宜居城市”两者的结合。对于生态宜居城市，目前没有准确和权威的定义。学术期刊网显示，研究生态城市和宜居城市的论文都很多，但研究生态宜居城市的论文很少。全国科学技术名词审定委员会审定公布的“生态城市”定义，生态城市是社会、经济、自然协调发展，物质、能量、信息高效利用，技术、文化与景观充分融合，人与自然的潜力得到充分发挥，居民身心健康，生态持续和谐的集约型人类聚居地。宜居城市是一个人文与自然环境协调，经济持续繁荣，社会和谐稳定，文化氛围浓郁，人工环境优美，治安环境良好，设施舒适齐备，适于人类工作生活和居住的城市。生态城市和宜居城市两者都强调人与自

然和谐、持续发展，强调居民的物质和精神文化生活得到较好的满足，居住满意度较高。

（二）生态宜居城市的特点

生态宜居城市应该具备以下特点：一是经济持续繁荣。城市只有拥有雄厚的经济基础、先进的产业结构和强大的发展潜力，才能为城市居民提供充足的就业机会和较高的收入，才能为宜居城市物质设施建设提供保证。二是社会和谐稳定。城市治安良好、社区和谐、城乡协调发展，居民才能将城市视为自己物质的家园和精神的归宿，才能安居乐业。三是文化丰富厚重。只有具有文化丰厚度的城市，才能充分发挥城市环境育人造人的职能，才能提高城市居民的整体素质。四是生活舒适便捷。居住舒适，要有配套设施齐备、符合健康要求的住房；交通便捷，公共交通网络发达；公共产品和公共服务如教育、医疗、卫生等质量良好，供给充足；生态健康，天蓝水碧，住区安静整洁，人均绿地多，生态平衡。五是景观优美怡人。城市是人文景观与自然景观的复合体，景观的优美怡人是城市建设的基本要求。这既需要城市的人文景观与自然景观相互协调，又要求人文景观如道路、建筑、广场、小品、公园等的设计和建设具有人文尺度，体现人文关怀，从而起到陶冶居民心性的功效。六是具有公共安全。公共安全度是宜居城市建设的前提条件，只有有了安全感，居民才能安居乐业。

（三）建设生态宜居城市的意义

习近平总书记说，人民城市人民建，人民城市为人民。城市建设归根到底是要为居住其中的居民服务。在城市建设中，一定要贯彻以人民为中心的发展思想，合理安排生产、生活、生态空间，努力扩大公共空间，让老百姓有休闲、健身、娱乐的地方，让城市成为老百姓宜业宜商宜学宜居的乐园。要体现尊重自然、顺应自然、天人合一的理念，依托现有山水脉络等独特风光，让城市融入大自然，让居民望得见山、看得见水、记得住乡愁。生态宜居城市建设的重点是改善生态环境，目标是实现宜居乐业。当前，人民对美好生活的需要已经从满足自身生存需要的生存型需求阶段转入了对追求高品质生活需要的发展型阶段，即“更好的教育、更稳定的工作、更满意的收入、更可靠的社会保障、更高水平的医疗卫生服务、更舒适的居住条件、更优美的环境、更丰富的精神文化生活”。Q 片区建设生态宜居城市是对人民群众美好生活需要的精准响应，不断满足人民群众对美好生活的新期待，持续增强人民群众有温度、可感受、可拥抱的获得感、幸福感、安全感。如果一座城市的空气质量差，水污染严重，人居环境差，公共设施不齐全，道路拥挤不堪，教育资源缺乏，就业困难，工作生活在其中的居民就谈不上幸福，无法安居乐业。Q 片区建设生态宜居城市，对于 Z 市推进产业结构调整、再造产业竞争新优势，完善城市综合服务功能、提高城镇化发展质量，保障和改善民生、维护社会和谐稳定具有重要意义。

二、Q 城区生态环境城市建设存在的问题

Q 老工业区位于 Z 市 SF 区，地处三市结合部，是国家“一五”“二五”期间重点投资建设的老工业基地。在鼎盛时期汇集了冶炼、化工、建材企业 261 家，工人总数超过 5 万人，年创产值 400 亿元，占 Z 市工业总产值的 30% 以上，累计向国家上缴利税近 500 亿元。然而，重化工产业聚集、粗放式发展模式、环保意识缺乏、基础设施老化，导致 Q 区在创造巨大工业产值的同时制造了严重的污染，对当地和周边的空气、水域、土壤等造成了严重污染。Q 区一度成为“全国四大工业污染区”，2003 年、2004 年 Z 市连续两年戴上了“全国十大污染城市”的“黑帽子”。一是生态环境遭到破坏。Q 老工业区重污染企业主要是化工厂、洗煤厂、电厂等。工业

三废大量排放，Q 工业区工业废气的排放量十年前超过 700 亿立方米，占全市工业废气排放量的 2/3；工业废水排放量最高时达到 5 000 万吨，占全市工业废水排放量的 60%；在污染高峰期，Q 片区排放的汞、砷、铅、镉等重金属污染物分别占湘江干流接纳量的 90%、50%、30% 和 25%。由于工业废水、固体废弃物的大量排放，区域内土壤中的镉、砷、铅、锌、汞、铜等元素的含量远高于周边土壤的正常值，其中镉超标最大达到 230 倍。水体和土壤严重污染，空气质量差。耸立成林的烟囱将蓝天白云涂抹成漫无边际的浑浊灰暗，城市弥漫着刺鼻的怪味，窗户玻璃积满灰尘。二是城市基础设施落后。Q 城区始建于 20 世纪 50 年代，规划滞后，企业布局散乱，生产区、生活区混杂。基础设施先天不足，路网密度低路况差，境内主马路建设北路狭窄，双向只有四车道，经常拥堵，一些道路等级更低，水电气等管网线路铺设不合理。Z 市自 2018 年 11 月开始实施“智慧停车”，对城区道路停车收费，截至目前，全市共布局近 2 000 个停车泊位，TY 区、LS 区、HT 区都设有道路停车泊位，但 SF 区至今还没实施，事实上，SF 区一些道路两旁以及附近的小区停车泊位很少，早餐以及其他时段“一个车位难求”，沿街的商铺多次呼吁设置停车泊位，避免顾客因吃饭找不到车位临时停放被罚款的风险。另外，作为 Z 市又一张城市新名片“××驿站”，已建成 200 多座，Z 市实现城市建成区“500 米内有厕所”，市民如厕不再难，给更多市民带来幸福感，但 SF 区目前仅有 10 座，“厕所革命”任务依然任重道远。因为 YL 示范区成立时间不长，不纳入比较范围，基础教育分布情况后面的专题论述，也不纳入比较范围。俗话说得好，没有对比就没有伤害，TY 区作为 Z 市的政治经济金融文化中心，体育锻炼、文化旅游、休闲购物、交通出行、酒店娱乐场所密布，其他城区自是无法比拟的。但 SF 区尤其是 Q 片区在这方面的资源太贫乏，没有体育场馆，文旅休闲场所只有 SF 公园，大型购物场所只有一个超市，还不在 Q 城区范围内，唯一被人熟知的位于 XSL 广场的 ×× 宾馆根本入不了流；汽车站、火车站、高铁站与 Q 城区无缘，在体育休闲购物出行等方面的建设布局远远落后于其他城区，远远不能满足人民群众日益增长的物质文化需求。

城市的房价最能衡量城市各个区域的生态宜居度，SF 区房价在 Z 市几个城区中最低。表 4–1 中 Z 市五区房价，数据来源于吉屋网，数据显示：三个时间点，SF 区的房价在 Z 市五区中最低；2020 年 6 月，其他城区房价都在 7 000 元以上，只有 SF 区的房价依然在 7 000 元以下；2020 年 6 月 Z 市新房均价为 7 448 元 / 平方米，而 SF 区的新房均价为 6 367 元 / 平方米，两者相差 1 081 元 / 平方米，SF 区新房均价比新房均价最高的 TY 区低了 1 599 元 / 平方米，比新房均价排名倒数第二的 HT 区低了 635 元 / 平方米。Q 老工业区规划面积 47 平方千米，核心区 15.15 平方千米。在 Z 市人的印象中，SF 区尤其是 Q 城区冶炼化工企业多，生态环境差，城市基础设施不齐全，城市道路拥挤不通畅，人口密度大，不宜居家置业。Q 老工业区企业搬迁改造前，很多人不愿选择在 SF 区特别是 Q 片区买房居住，在 TY 区、LS 区、HT 区、YL 示范区工作的人绝对不会来 SF 区买房；在 Q 片区工作、经济条件允许的人宁愿多花十几万，在其他城区买房居住，也不愿在 SF 区买房；剩下居住在 Q 片区的大多因为在这里工作再加上经济条件不宽裕而不得不居住在这里。261 家企业搬迁改造后，涉及 2.86 万名职工，这些职工与搬迁改造企业解除工作关系后便搬离了该区域，Q 片区几乎变成空城。

表 4–1　Z 市城市五区新房价格统计表

单位：元

时间	城区					
	Z 市	HT 区	LS 区	SF 区	TY 区	YL 示范区
2020 年 6 月	7 448	7 002	7 794	6 367	7 966	7 645
2020 年 2 月	7 347	6 784	7 698	6 488	7 759	—
2019 年 12 月	7 406	6 746	7 749	6 481	7 996	—

三、Q 城区建设生态宜居城市的优势

（一）领导重视政策支持

2011 年 3 月 21 日，时任国家副主席的习近平同志来到株洲湘江风光带，实地考察湘江综合治理工程。从 Q 区治理，到风光带建设，习近平同志问得十分仔细。他强调必须抓好生态建设、节能减排，希望 Z 市在湘江流域治理方面取得更大的成绩。2013 年 11 月，习近平总书记在 H 省考察时指示："要以长株潭试验区为龙头，抓好以湘江流域为重点的重金属污染治理、以大城市为重点的大气污染防治、以畜禽及渔业养殖为重点的农村面源污染治理，加快完善节能减排体制机制，严格控制高耗能、高污染、高排放行业，谱写建设美丽中国 H 省新篇章。"这无疑为长株潭试验区绿色发展指明了方向，为推进湘江流域综合治理按下了"快捷键"。

2019 年 2 月 22 日，时任 H 省委书记杜家毫来到 Z 市，实地考察 Q 老工业区搬迁改造情况，并主持召开湘江保护和治理委员会 2019 年的第一次全体会议，总结 2013 年以来湘江保护和治理工作特别是前两个"三年行动计划"执行情况，部署第三个"三年行动计划"。为了湘江保护和治理，这已是杜家毫 6 年来第 4 次来到株洲清水塘。第一次来 Q 区正式决定实施湘江流域保护和治理"一号重点工程"，第二次来 Q 区提出把 Q 区企业搬迁改造作为当前最大的政绩工程抓紧抓好，第三次来 Q 区强调要夺取 Q 区搬迁改造攻坚战的全面胜利。

时任省委副书记、省长许达哲要求，把 Q 区老工业区打造成更具活力、更加美丽之城。

时任 Z 市市委书记掷地有声："要彻底实现 Q 老工业区剩余企业的搬迁改造，还 Z 市人民一个真正的'清水塘'。"

2002 年，国务院批准在长株潭城市群设立资源节约型和环境友好型社

会建设综合配套改革试验区，Q 工业区被列为试验区五大示范区之一，并批准为全国发展循环经济第二批试点园区。2011 年 3 月《湘江流域重金属污染治理实施方案》获国务院批准，确定 Z 市 Q 区为湘江流域七大重点治理区域之一。2014 年国务院办公厅发布《国务院办公厅关于推进城区老工业区搬迁改造的指导意见》，将 Q 老工业区等 21 个城区老工业区纳入全国城区老工业区搬迁改造试点。2013 年 9 月，H 省委、省政府以超前的意识、坚定的决心把湘江保护和治理作为省“一号重点工程”，作为两型社会的头等大事来抓。也是长株潭城市“两型社会”建设试验的示范区之一，同时受到了国家、省、市三级政府的高度重视和政策支持。

（二）生态本底条件优越

Q 区位于 Z 市北部，紧邻长株潭绿心。三面环山，一面临水。自然山体群峰起伏、堆青叠翠，分别位于片区的北面、东面、西面，呈环抱之势，南面是 H 省的母亲河湘江，为山南水北之位。Q 区南临湘江，境内多条水系贯穿南北，形成“三纵一横”的水系，为建设生态宜居城市提供良好的滨水条件。

（三）交通区位优势明显

多条铁路干线和公路干道在此交汇，拥有南方地区最大的货运列车编组站，建有城市候机厅。特别是随着 ×× 保税物流中心（B 型）封关运行，口岸经济园加快启动，集铁路、公路、水运和空运为一体的开放大平台、大通道不断拓展。

（四）工业遗址资源丰富

作为国家“一五”“二五”期间重点建设的工业基地，Q 老工业区六十余年的发展形成了化工、冶炼、建材、能源四大产业集群，留存了数量庞大的工业文化遗产。Q老工业区共有104处工业遗产，工业遗址面积达数平方千米，有上百亩工业厂房；主要类型包括厂房、车间、仓库、（造粒、凉水、蒸馏、熄焦）塔、（高、焦、热风、多膛、沸腾）炉、锅炉房、煤气罐、挥发窑、机房、门楼、烟囱、铁路主线、机车以及工业生产生活附属设施等，其中还有20世纪90年代“亚洲最大”的沸腾炉（如图4–1所示）、20世纪50年代引进的苏联产空气压缩机（如图4–2所示）、“亚洲第一高”的133米大烟囱等（如图4–3所示），功能类型多样，建筑规模宏大，富集程度极高国内罕见；年代分布从1956年延续到21世纪初期。这些工业遗产保存好且集中分布，见证了Z市发展的历史，同时也是城市精神的重要载体，具有重要的历史、科技、艺术、社会和旅游开发等价值。

图4–1 90年代“亚洲最大”沸腾炉

图4–2 苏联产空气压缩机

图 4-3　“亚洲第一高”133 米大烟囱

（五）城市发展空间广阔

Q 老工业区 261 家企业搬迁改造后，原来的生产厂区经过污染治理后，腾出来的土地，给城市建设、产业发展带来了广阔空间。由“老工业基地”“重污染区”恢复成一张白纸，一张白纸好绘蓝图，凡是有利于 Q 片区生态宜居的想法都可布局，凡是有利于 Q 片区生态宜居的布局都可实施，凡是有利于 Q 片区生态宜居的建设都会让人民生活得更美好，安居乐业，真正实现让工作生活在其中的人望得见山、看得见水、记得住乡愁。

四、Q 城区建设生态宜居城市的措施

（一）加大 Q 片区生态环境改善的宣传力度

Q 片区建设生态宜居城市首先要治理环境污染，彻底改变 Z 市市民乃至外地人对 SF 区环境污染严重的印象。随着 Q 片区企业全部关停搬迁，Z

市下“血本”治污修复生态环境。区域内全长4.06千米的河道，砸下近2亿元，每千米治理投入达5 000万元，相当于在平原地区修建高速公路的造价，排污口整治、截流清淤、底泥处置、施工废水处理、河堤生态修复等，一番“刮骨疗伤”，昔日的“五彩河”焕然一新，水清岸绿。不光是河道治理，岸上动作也不小。18个区域的环境修复项目全面启动，52个企业场地治理修复稳步推进，11.8万立方米污染土壤被治理，一些生态景观建设同步实施。绿心地区52家工业项目全部关停、70家生猪养殖场退出，腾挪空间造林覆绿。通过水系治理、废渣处理、土壤修复等“综合治疗”，生态环境系统改善。城市环境空气质量显著提高，Z市生态环境局近日发布的《2019年Z市环境状况公报》显示，2019年，按照城市环境空气质量综合指数评价，市辖各区从好到差排名依次为YL示范区、HT区、SF区、TY区、LS区。SF区城市环境空气质量比TY区、LS区都好，而2018年、2017年SF区城市环境空气质量基本垫底。工业企业废水实现100%达标排放；湘江Z市段水质从国家Ⅲ类标准提升到国家Ⅱ类。但这些成绩取得后，依然是“养在深闺人未识”。普通市民甚至很多外地人对Q区的认识，还停留在过去“天空灰雾蒙蒙，白天看不到太阳，夜晚看不到月亮，空气中弥漫着刺鼻的味道，街道脏乱差，交通拥挤”“不宜居不宜商不宜学不宜业”的印象。这导致很多人不愿意到Q城区甚至SF区投资、买房置业、工作生活学习，Q城区的人气在短时间内很难聚集。“栽得梧桐树，引来金凤凰”的前提是凤凰要清楚梧桐树已经栽好，因此，要加大Q片区生态环境改善的宣传力度，生态环境治理修复取得的成绩要广为人知，改变市民对SF区环境污染严重的印象，让Q老工业基地再次迎来勃勃生机，成为投资洼地，居家置业宜业、宜商、宜学的宝地。

（二）大力推进Q片区环境整治和生态系统修复

Q城区环境整治和生态系统修复既要“管天”更要“管地”，既要打好蓝天保卫战，又要治理土地污染。Z 市委市政府以壮士断腕的勇气和决心全部关停退出 261 家企业，彻底切断污染源，城市空气质量显著改善。所以，当前的重点工作是治理土地污染、治理修复生态环境。一是处置企业残渣废液，全面开展关停退出企业遗留污染调查并制定处置方案，落实环境应急预案和安全管理措施，完成企业的残渣废液、危险化学品的安全处置，全面解除关停企业的环境风险。二是治理修复企业场地。按照国家技术规范，统筹做好企业场地环境调查，查清企业场地污染现状，开展场地环境风险评估，完成重金属污染土壤场地治理修复。三是实施区域环境修复。稳步有序地推进并完成环境修复；建设环保信息与示范中心、一般固废填埋场。四是调查拟保留的工业建筑物污染状况，评估其再利用的环境和健康风险，对确认已污染的建筑物应研究清洁方案，经过治理后方可利用。

（三）完善城市基础设施和公共服务设施

新城建设，基础先行。城市基础设施是城市发展的基础条件，公共设施和开放空间是城市居民生活和经济发展的基础条件，也是吸引社会活力人群的关键。加快推进新城建设，一是坚持先地下、后地上的原则，加强供水、燃气、供热管网建设和老旧管网改造，建设雨污分流排水系统，完善污水和垃圾收集处理设施。二是优化道路交通系统，加强路网衔接连通。完成骨干道路建设，建成环湖科创园区路网、工业文旅园区路网、口岸经济园区（南）路网。三是完善区域生态系统建设，建成生态绿化景观体系。四是加大消防、防洪、排水防涝等基础设施建设和改造力度，提高防灾减灾和应对突发事件的能力。五是完善信息基础设施，应用先进的信息技术提高城市管理水平。加快推进光纤高速宽带网络建设，推进第四代移动通信网络建设，加快宽带应用基础设施建设并实现共建共享。推进综合行政执法系统、电子眼整合共享平台、协同及移动办公系统、城区智能停车收费系统等重点项目建设，积极稳妥推进智慧城市建设。六是根据城市常住人口数量与结构变化情况，优化幼儿园中小学、医疗卫生机构布局，尤其是增加优质教育资源；利用现有设施改造新建体育场馆、图书馆、博物馆、展览馆等文体旅游休闲场所；引进大型购物中心、酒店，充分满足老百姓的文化教育、体育锻炼、休闲购物娱乐、出行的需要。

（四）加强工业遗产保护再利用

Q区工业历史的变迁为Z市留下了大量老厂房、老设施、老设备以及清晰的工业文化和宝贵的工业精神。这些工业遗产体量大、类型多、建筑规模宏大，富集程度极高且国内罕见，保存好且集中分布，见证了Z市发展的历史，同时也是城市精神的重要载体，具有重要的历史、科技、艺术、建筑、社会和旅游开发等价值。规划、设计、保护和利用好Q区工业遗存是Q区升级改造的必经之路。全面核查认定城区老工业区内的工业遗产，出台严格的保护政策。将具有重要价值的工业遗产及时公布为相应级别的文物保护单位和历史建筑。根据Q老工业区自身优势特点及实际情况，结合国内其他城市激活老工业遗址成功的做法，以工业文化、休闲娱乐、科创展示、旅游地产四大产业作为支撑，打造集工业历史展示、科学知识普及、旅游休闲结合、观光体验休闲为一体的综合性工业遗址公园，成为国家工业遗产保护与再利用典范，让Z市的工业遗产得到精心保护的同时，焕发出新的活力，促进经济转型和产业发展，带动Q片区乃至周边区域的整体复兴。

（五）培育发展新产业

新城建设，关键在兴产业。腾笼的目的在于换鸟，破旧是为了更好地立新。好地段要做好产业，好资源要用于高质量发展。Q老工业企业搬迁之后，Q 区变成一座空城，需要引入新的产业项目培育经济发展新动能。瞄准先进制造业、战略性新兴产业和现代服务业，推动产业结构升级，加快区域经济转型，发挥重点项目在推动产业转型升级和区域协调发展上的引领带动作用。按照“一谷三园”的产业发展定位，将 Q 区作为“中国应急安全产业谷”主体区来建设发展，坚持以发展应急安全产业为主，启动科技创新产业园、工业文化产业园、口岸经济产业园的产业建设。重点实施产业创新服务中心、智能制造创新中心、企业研发应用中心、应急安全产业博览中心、口岸经济服务中心、环保产业技术孵化基地、智能装备研制基地、应急安全数字影视体验基地、应急安全文创产业基地、口岸经济区域总部基地等“五中心五基地”产业项目。初步打造滨江商务休闲街区，重点引进 1 ~ 2 个高端制造产业大项目，构建基本产业服务功能和产业发展雏形。

第二节 引入优质教育资源，拓展就业新思路

一、教育资源概述

教育资源是指教育教学过程所占用、使用和消耗的人力、物力和财力资源的总和。优质教育资源可理解为有领先优势的教育人力资源、丰厚的财力资源和优良的教育质量的综合判断。具体可包括先进的办学理念、必要的硬件设施、优质的学校课程和优良的师资队伍等基本元素。著名教育社会学家、原首都师范大学党委书记谢维和认为，优质的基础教育资源应该包括学校的文化资源、学校的制度资源、学校的物质资源、优质的教师资源、学校的特色资源五个方面。

教育是党的事业发展的重要保证，是国家兴旺发达的根本基石，是民

族振兴、社会进步的奠基工程。基础教育关系到每一个人，是提高国民素质、实现国家富强的基础性工程。教育公平是社会公平的重要基础，是维系社会公平正义的坚实基石，是人民群众最关心、最直接、最现实的利益问题之一。优质教育资源覆盖面既是教育资源配置效率的直接体现，也是衡量教育公平的关键指标。进入新时代，我国已建成世界最大规模的教育体系，社会的主要矛盾在教育领域主要表现为人民群众对优质教育资源的需要与优质教育资源短缺的矛盾，优质教育资源覆盖面不平衡不充分问题尤为突出。“人人上好学”，是当前人民群众对教育公平的强烈呼声。办好基础教育是促进教育公平的重要内容。

二、优质教育资源赋能城市就业

教育发展水平与城市化进程之间存在着互动效应，一方面，城市化发展对人才表现出旺盛的需求，另一方面，教育水平的提升，又为城市化发展提供了强有力的人力和科技资源的支撑，对推动城市化进程起到基础性作用。因此，城市化与教育的互动是加快城市化发展的有效途径。

随着人们收入水平的提高，中国家庭支出中教育支出比重也越来越大，优质教育资源成为家长竞相争夺的目标。然而中国的现实情况是，优质教育资源缺位严重，且空间分布不均，出现僧多粥少的现象严重，“择校”成为家长争夺优质教育资源的最直接的途径。而“按区划片就近入学”政策的实施将区位的选择与教育资源的选择相捆绑，逼迫家长展开了建立在地域选择基础之上的教育资源抢夺战，“学位房”现象就是这场争夺战的产物。家长对“择校”的需求转换为对“择房”的需求，对优质教育资源的争夺转化为对拥有名校学位的住宅的争抢。学区房价格持续走高，许多城市重点学区房相较于一般住宅的价格和涨幅明显更高，在部分区域学区房价格已经达到一般住宅的 2 ～ 3 倍。高中招生虽然不像义务教育按区划片就近入学，而是按成绩从高分到低分录取，不会衍生学位房，但小孩考入高中后，学习紧张，是最为关键的三年。为了孩子能够有更多的时间学习，为了孩子能够吃好、睡好、休息好、学习精力更充沛，为了孩子能够考上985、211高校，很多家长不惜花高价在高考升学率高的高中学校周边买高价房或花高租金租房陪读。资本的本质是获得利润，资本运动的目的是为了实现利润的最大化。学区房、名校高中周边房屋价格持续上涨，高于一般住宅的价格，吸引大批房地产商在名校附近买地建房，房地产炙手可热，迅速集人气、聚商气、敛财气，带动餐饮、酒店、旅游、交通、银行、超市、房屋租赁等产业的发展，增加就业岗位，促进城市就业。

三、Z市基础教育资源分布情况

目前Z市基础教育资源分布不平衡，尤其是SF区优质教育资源供给与需求的矛盾尖锐。Q片区教育资源存在的问题：一是基础教育学校数量缺乏。Z市基础教育分布不均衡，YL示范区因为成立时间不长，TY区、SF区、LS区、HT区人口相当，但义务教育学校数相差太大。TY区义务教育学校数高达48个，SF区才15个，比HT区少14个学校，比LS区少了25个，比TY区少了33个，SF区小学数量与人口比、初中数量与人口比在城市五区中最低；高中阶段教育，SF区虽然有3个学校，但是部分属于民办学校，离Q片区都有一定的距离。二是优质教育资源缺乏。Z市市民耳熟能详的知名基础教育学校，大都在HT区，LS区和TY区，SF区从小学到初中，稍微好一点的学校只有一所，高中虽有三所学校，但地理位置更接近YL示范区，离Q片区有一段距离，某中学虽然在Q片区，但高考升学率在全市排名最后。一位在学校任教的朋友谈到自己的一次家访经历，“今天差不多到了城市的最北端，路上就在想孩子每天上学怎么来学校，交流后才知道孩子每天清晨五点半就要起床，自己出门坐公交车，早上出门不堵车，路上要50分钟的时间，下午回家是晚高峰，路上需要一个半小时，孩子每天坚持做到按时上学就非常了不起，何况她还喜欢学校，喜欢老师、同学，作为老师我甚感欣慰，只对孩子提出一个要求，每天早点睡，晚点起，如果没有今晚的实地走访，我就不会了解孩子的真实情况，也体会不到家长的不容易！家长舍近求远把孩子送到了学校，无比放心地交给了我们，这种信任和期待让我倍感压力……”孩子为了接受优质的教育资源，每天花在路上的时间达两三个小时，估计这样的情况还有很多，这是SF区（以前叫北区）教育资源缺乏的一个真实反映，SF区教育资源尤其是优质教育资源供给与需求的矛盾尖锐。

表 4–2 城市五区人口与基础教育学校情况

序号	项目 区政府	人口 / 人	面积 / 平方千米	学校数				
				小学数	小学数 / 人口	初中数	初中数 / 人口	高中数
1	TY 区	288 406	327.60	37	0.012 8%	11	0.003 8%	2
2	SF 区	264 000	91.30	11	0.004 2%	4	0.001 5%	3
3	LS 区	298 000	216.80	30	0.010 1%	10	0.003 4%	3
4	HT 区	299 200	143.00	21	0.007 0%	8	0.002 7%	6
5	YL 示范区	120 000	97.90	9	0.007 5%	3	0.002 5%	—
	合计	1 269 606	876.60	108	0.008 5%	36	0.002 8%	14

四、引入优质教育资源

基础教育是为孩子一生奠基的事业，直接关系到广大人民群众的切身利益。基础教育优质教育资源分布不均衡，在一定程度上影响了教育公平和社会公平。习近平总书记在党的十九大报告中强调，推进教育公平，努力让每个孩子都能享有公平而有质量的教育。习近平总书记深刻指出，基础教育在国民教育体系中处于基础性、先导性地位，必须把握好定位，全面贯彻落实党的教育方针，从多个方面采取措施，努力把我国基础教育越办越好。习近平总书记在考察北京市八一学校时明确指出，要优化教育资源配置，逐步缩小区域、城乡、校际差距。当前，Z市基础教育资源分布不均衡，优质教育资源集中分布在TY区、LS区，SF区特别是Q片区基础教育学校数量缺乏，市民心目中的优质教育资源几乎没有。

Q城区乃至SF区来说，要办好人民满意的教育，一是深化师资队伍建设和改革，优秀师资队伍是最重要的优质教育资源，也是实现教育高质量发展的关键。要狠抓政策落实，下大力气强化教师资源配置，用心用情落实好教师工资福利、职称评聘等政策待遇，驰而不息地推进师德师风建设，加快建设一支高素质专业化教师队伍。二是辖区内义务教育学校实行集团化办学，实现片区的义务教育学校与名校资源共享、课程共享、人才共享，充分发挥优质品牌学校示范辐射作用，增强薄弱学校造血机能，形成合作共建机制，实现以强带弱，整体提升办学质量，增加优质教育资源总量。三是引进C市四大名校资源，智力支持或全面托管Q片区的中学。近年来，许多城市和地区政府通过引进重点中小学的方式来改善当地优质教育资源匮乏的现状。这有助于增加人们享受优质教育服务的机会，推动教育服务质量均等化。目前，C市四大名校已在Z市聚齐，不久之后，Z市学子在家门口就能享受到C市四大名校的优质教育资源。各个区引进四大名校都布局在城市的新区，目的是缓解区域内基础教育资源紧缺，助推园区产业服务的发展，促进新城片区和教育事业与开发建设的协调发展。但是作为基础教育学校、优质教育资源稀缺的SF区至今没有引进四大名校的消息。引进名校资源，有助于快速提升区域教育，从而满足Q城区对优质教育的需求，进一步促进教育优质资源均衡配置。采取智力支持托管学校和Q片区的中学教师互派、交流，以及管理者团队托管的方式，分享名校办学理念与管理文化，改善教学质量，提高高考一本升学率。发挥优质教育资源快速积聚人气商气能力，增加就业岗位，拓展就业新思路。

第三节　为散工建设劳务超市，搭建就业新平台

一、“零工”概述

（一）“零工”及其相关概念

不同于在正规劳务市场找工作和在工厂就业的传统民工，在马路市场通过“揽活”来找工作的日薪制民工群体称为“零工”。

城市存在大量零工，形成了“工人站街”景象，是典型的非正式的劳动力市场。他们不同于一般意义上的农民工，他们每天都会在一个固定的地点，等待雇主前来招工，从事的工作大多是体力劳动，工资大多日结，无固定劳动场所和劳动时间，工作时间、工作地点及工作内容呈不稳定状态。其每天进行劳动力交换的地方称为零工市场，这种市场多分布在流动人口聚居地并且不固定。零工及零工市场伴随城市化进程的加快而出现，同时也是市场转型以来社会开放和自由流动的结果。

（二）“零工”的工作特点

零工的工作特点包括以下几个方面：一是临时性。零工工作最典型的特征就是临时性，无论是在传统模式还是互联网经济或共享经济模式下，零工的工作时间都是不确定的，往往做完一个雇主的活又去做另一个，劳动模式表现出典型的临时性。二是短期性。从本质上来说，零工是一种短期工作形式。零工工作者利用自己的空余时间为雇主提供服务从而获取报酬，抑或是一些企业为解决短期内的用工缺口，采用弹性工作模式雇佣短期工人，减少企业成本支出。这一特征在数字经济、共享经济及互联网经济下也表现突出。三是非固定性。零工工作具有显著的非固定性，包括工作时间的非固定、工作环境的非固定、工作形式的非固定、劳动报酬支付

标准的非固定以及合作形式的非固定等。由于零工的工作内容并非固定，而是经常会发生变化，导致其工作时间、工作环境、合作形式也是多变的，并非像“上班族”一样固定化。另外，在零工经济中，劳动资源提供方获取的报酬也不是固定的工资，薪酬计算的方式多种多样，如计时工资、单次工资、计件工资以及打包制工资等。

（三）“零工”存在价值

2019 年 7 月 31 日，李克强总理在国务院常务会议上指出，要加大力度落实就业优先政策，完善新就业形态支持政策，促进零工市场、灵活就业等健康发展，培育就业新增长点。

零工的存在一方面适应了城市发展需要，满足了部分雇主临时用工的需求，符合社会分工的逻辑，同时雇用零工使许多单位降低了用工成本；另一方面，零工、钟点工有了市场需求空间，许多民工能够依靠街头揽活实现就业，获得收入。有些民工很难或不愿意找固定工作，或者家里还在种地，农忙时节需要回家帮助收粮食，但在全日制企业上班不仅工资低，而且要受到严格的管理，很难请假，非常不自由。而零工工作就具有更多的弹性空间，满足了这部分群体在不放弃土地耕种和其他职业或暂时找不到稳定合适工作的前提下，打短工增加收入养家糊口的个人需求。学术界称这种就业方式为“非正规就业”，这种就业为进城务工人员、城市解除劳动合同失业人员、提前退养等一切有务工就业需求的人员就业搭建了新平台，为缓解就业压力和解除贫困发挥了积极作用。

二、“零工”面临相关问题

受新冠肺炎疫情的影响，我国经济发展面临严峻压力，“稳就业、保就业”成为宏观政策的首要目标。当前，零工以灵活的就业模式、丰富的就业渠道、较低的从业门槛，深入中小城市与小城镇。根据《2019 中国县域零工经济调查报告》，县域市场有零工收入的人群占据半壁江山，比重高达 52.27%。其中“互联网”类零工，如网约车、外卖、网店等，在各种零工类型中排名第一，占比 35.11%，已经成为县域民生的重要支撑。此外，包括建筑施工、装修、搬家、装车卸货在内的生产型劳动，以及餐饮、销售、手工活在内的基础性零工工作也吸引了大量的劳动者。但值得注意的是，零工群体数量庞大的同时也存在较多问题，具体包括以下几个方面。

（一）权益保障难，生存压力大

由于零工一般采用日薪制的工资结算方式，只是在口头上与雇主约定工作量与劳动报酬，并没有从法律上确定劳动关系，不仅没有最基本的社会保障，而且在遇到雇主不支付工资、拖欠工资等侵权情况时往往缺少维权的途径，很难保障自己的合法权益。不仅如此，零工在工伤认定、医保报销等方面缺少相应的保护，在服务过程中一旦发生职业伤害，很少能得到工伤赔偿，而这也进一步加剧了零工的工作风险。

此外，零工们不仅收入低而且极不稳定。零工从业者每天的工作时间很长，面临的工作强度较高，导致其身心倍感疲乏。而且零工的休息时间时常被工作所挤占，休息权难以得到有效的保障，再加上零工工作受季节性、经济周期性发展影响较大，导致他们面临巨大的生存压力。

（二）融入城市生活难，安全感缺失

从空间上看，零工因收入较低，往往住在城市的边缘地区；从娱乐生活上看，他们亲手建设了美丽的城市，却很少享受城市的娱乐生活；从社会保障上看，零工们不仅不能享受最低收入保障以及医疗、失业、养老保险等社会保障，而且要忍受子女入学难、社会歧视、情感无依等方面的烦恼与困难；从工作关系的角度看，一份工作的周期短则一天，长不过一周，工作关系极不稳定。综合以上分析，打零工的收入水平不高，再加上未被政府的公共服务体系覆盖，社会保障水平很低，所以大多数零工很难在城市站稳脚跟，无法获得与城镇居民同等的权益，难以有效融入城市生活。

零工们因经济发展和市场需求而出现，也会因市场波动和需求萎缩而消散，他们伴随着经济的空间变动而流动迁移，逐渐形成了一种“非在地”特征。这种“非在地”特征主要是指零工生活的陌生化和高流动性，正是由于工作地点和生活环境不断发生变化，导致了其安全感普遍缺失。

（三）社会治理难

马路零工市场一直都是困扰城市管理者的难题之一，不仅破坏了环境、影响了城市市容，而且容易对交通秩序与市民生活造成影响。此外，大量的零工聚集在马路周边，但凡有雇主开车过来，大家就会一拥而上，造成很大的安全隐患的同时也造成道路拥堵，阻碍了其他车辆正常通行。由于零工的同质性较强，特别是无工作技术要求、单纯靠体力换取收入的杂工，他们往往存在较为激烈的竞争关系。不充分就业的零工甚至有时会爆发冲突，导致群体性事件的发生。

从整体上看，零工在城市融入、劳动权益保障、社会认同等多个方面存在问题，这些问题之间相互关联，必须妥善处理。零工工作临时性和非固定性的特点导致其劳动权益难以得到保障，劳动风险也随之增加，不仅难以得到较高的报酬，而且其自身安全也难以得到保证。工资低、风险高的特点在某种程度上对零工工作积极性产生了负面影响，甚至会引发社会问题，这也是零工社会认同度低的原因之一。低工资、高风险及低社会认同度，分别从经济上、安全上及社会交往上阻碍零工融入城市生活，而难以融入城市生活会进一步刺激零工的工作与生活状态，因此陷入恶性循环。

三、Z市“零工”有关情况

Z市每天做零工的达二百多人，最多时有五百多人在此揽活。Z市区企业下岗员工做零工的不多。零工从事的工作包括但不限于破墙、砌砖、泥工、水电修理、装修、木工、打扫卫生、装车卸货、搬运货物等简单的工作。

零工工作时间自由，做完事雇主马上给钱，基本不拖欠工资，但也有做完活雇主不给钱、找不到人要钱的情况。零工收入不稳定，季节性明显。夏季由于用工较多，零工的收入也较多，每天大约在三百元左右，平均一个月能拿到五六千元，也有的采用简单的包工，收入高时也有达到一万多元。但冬天等用工淡季前来招工的雇主较少，处于“僧多粥少”的状态，所以零工收入也“有一搭没一搭”，平均下来一个月在三千到四千左右，只能勉强维持生活。也有企业以月工资四五千元招长期工，但没人去，原因是时间上受约束、不自由，而且要到月底才发工资。根据对零工的走访调查发现，零工从二十至六十岁各个年龄段的都有，其中四五十岁的居多，也有三十多岁的零工但人数较少；从学历上看，零工文化水平普遍不高，大部分人的学历在高中及以下，有的只有小学学历；从性别上看，大部分零工为男性，但也有个别女性从事家政、装修等工作。

事实上，疫情期间，一些互联网企业推出了用工平台，为各类业态提供服务。比较著名的有猎聘招聘推出的“员工共享”计划，阿里本地生活服务公司推出的“蓝海”就业共享平台等。此外，比如“万师傅”“鲁班到家”“诸事达”“零工网”等线上平台也为用工单位提供搬运工、装卸工以及瓦工、木工、焊工、水电暖维修等技工，零工可以足不出户找到工作。但是大多数零工文化水平不高，不会上网或者使用手机APP寻找工作，也有零工反映在线上找工作容易受骗，不如线下招工可靠。但更主要的原因是这些零工习惯了在一个地方集聚，可以与熟悉的人经常见面，聊聊家长里短、交流信息，闲暇时也可以聚在一起打牌休闲，更有生活气息。

Q 区搬迁改造企业失业人员问卷调查显示，失业后有一半的人选择打零工或者短期工作，占比 51.13%；被调查员工当中近一半人选择只要收入较高，辛苦一点也行的职业，占比为 52.1%；受教育程度在高中及以下的占 51.79%；被调查员工期望的月收入在 5 000 元以下的占比 56.8%。根据调查结果，结合零工的特点、工作性质、月收入等情况，零工对于 Q 区搬迁改造企业暂时没找到工作的失业人员来说，是个不错的选择。但是在对 Z 市零工进行走访调查时了解到，城区企业失业人员做零工的很少，其中原因有很多，比如有的失业人员不能吃苦，有的则放不下面子，但其中更重要的原因是失业人员信息不通畅，不知道有这样一种工作时间相对自由、收入也还过得去的用工形式。

四、建设劳务超市，为“零工”就业提供保障

零工顺应城市发展的需要，是城市经济体系中不可缺少的辅助部分，为城市的建设和发展贡献了力量。零工常年蹲守在马路边、立交桥下，占道揽活带来安全隐患，乱扔垃圾影响市容市貌，游离在城市的边缘，没有得到应有的尊重和政府的认可。城市让生活更美好，城市管理要有精度，更要有温度，要让置身其中的人有更多的归属感。

今年 7 月 22 日，李克强总理主持国务院常务会议，会议指出，灵活就业规模大、空间大，是稳就业的重要途径，要适应企业灵活用工需要，发展零工市场。我们建议政府因势利导，在不影响城市市容、道路交通、市民生活的前提下，在现有零工集聚地合理规划和建设一批规范的零工劳务超市，为他们搭建一个可遮风避雨的场所，并按照属地原则分别划归各街道劳动保障站管理。劳务超市在提供物理空间的同时，也要搭建供需平

台，为零工提供包括维护合法权益、职业技能培训、提供就业信息及劳务市场管理与维护在内的综合服务。同时设立全市统一的标识，引导务工人员和雇主进场进行洽谈交易，努力营造零工的城市归属感，帮助他们融入城市生活之中，不再游离在城市的边缘。

在走访时我们了解到，零工工作者“信息不对称”的情况较为严重，往往在想找活做时不知道哪里用人。而作为用工方的企业或个人雇主有时找不到合适的零工，或者不知去哪里找，有的则担心零工的能力问题，怕事情没做好返工时找不到人。而劳务超市正好可以架起连接零工与雇主的“桥梁”，有效解决了务工与用工双方的难题。一方面，劳务超市可以发布用人信息，使零工轻松地找到工作机会，同时对零工的相关权益进行保障；另一方面，用工方可在劳务超市获取零工的资料，如需返工，找劳务超市就行了。“如果政府建立相关场所发布用工信息，则比较乐意前往”，一位零工说道。

要建设劳务超市，就要充分考虑当前的实际情况，坚持“就近就便”的原则。由于零工大多居住在聚集地附近，如果劳务超市距离现有聚集点较远，零工很可能不会去。况且规模较大的零工聚集地已经存在一二十年，在行业内已经有了一定的知名度，大部分装修公司、建筑工地知道到什么地方去找零工。所以，根据我市的具体情况，建议政府有关部门在各区零工聚集地就近设立劳务超市，并对劳务超市进行合理规划，在内划分出信息发布区、工种分布区及饮水服务区等区域，在超市外设置专门的自行车、电动车停放区，让这些城市的建设者不再被风吹日晒，有了一个找工作的好去处，同时也方便了雇主前来用工。

此外，还要发挥市、区、街道、社区四级信息平台的作用，建立集采集、统计、分析、查询、交换等多功能为一体的综合性信息网络，实现一点登录、信息共享，对进场洽谈的务工人员和雇主免费提供登记、推介服务，以吸引零工入场，遏制马路零工市场扩张。同时要利用互联网大数据，发展灵活用工平台，响应国家号召促进灵活就业。通过打造灵活用工服务平台，扩大线上平台的就业信息发布范围，有效对接供需数据以提升匹配效率，从而降低零工“入场成本”。还要对相关用工平台行为进行规范，只有平台运营实现真实、安全、可靠的良性循环，才能吸引更多的求职者和用工方通过平台对接资源。如果今后市民家里需要一个水电修理工，不需要满大街去找，而是拨一个电话或者直接在互联网上“下单”就有人上门服务，而且服务质量也有人进行跟踪。

为确保劳务超市可以被充分利用，零工不再“站街”找工作，市综合行政执法局、交警以及相关部门要提高责任意识，采用集中整治与定点盯守等方式，对马路零工市场进行规范管理，陆续引导在原聚集地“揽活”的零工到就近的劳务超市找工作。同时要加强对零工的技能培训，通过多种方式引导他们使用线上用工平台，习惯在互联网平台上找工作。为扩大零工的就业面，建议有关部门将零工纳入重点就业群体，对其进行免费的职业技能培训，并采取财政补贴等方式，支持各类院校、互联网平台企业与相关培训机构对零工进行包括养老、家政、餐饮、维修在内的技能培训，引领零工迈向现代服务业、制造业等领域，实现转型发展。

目前，劳务超市已经在广州市、南昌市、青岛市等许多城市展开，并且取得了良好的社会效果。我们在借鉴其他城市成功经验的同时，也要结合我市的具体情况，因地制宜地建设具有Z市特色的零工劳务超市。未来，如果Z市管理部门可以为零工工作者提供更加切实、周到、全面的服务，并通过“互联网+”等大数据技术降低入场成本，提升场地效应，相信零工可以在增收致富的同时真正感受到温暖与关怀，不再“游离”在城市的边缘。

第五章　统筹抓好经济社会发展，千方百计增加就业岗位

第一节　发展劳动密集型优势特色产业，筑牢就业基础

2013 年 5 月 14 日，习近平总书记在天津考察时指出，“没有一定增长不足以支撑就业，解决就业问题，根本要靠发展，把经济发展蛋糕做大，把就业蛋糕做大。”解决就业的关键是发展产业，产业吸收劳动力的能力是巨大的，产业发展的每一个过程都需要劳动力。

基于 Q 区搬迁改造企业失业人员再就业角度，结合 Z 市产业发展的实际情况，Z 市、SF 区、Q 城区重点发展服饰产业、设施农业、工业文化旅游产业、养老服务产业等吸纳就业能力强的产业，千方百计增加就业岗位，筑牢就业基础。

一、发展服饰产业

（一）发展服饰产业的理由

1. 服饰产业吸纳就业能力强

服饰产业属于劳动密集型产业，吸纳劳动力的能力巨大、速度快。纺

织服饰产业链上游纺织、中游成衣加工、下游服装贸易吸收劳动力的能力强大，尤其是服装加工从面辅料进厂检验、技术准备、裁剪、缝制、锁眼钉扣、整烫、成衣检验、包装、入库或出运等每一个流程都需要大量的劳动力。服饰产业对从业人员的文化水平、技术要求不高，新员工一般在短时期内就能熟练掌握技能；对年龄、性别没有特别要求，没有年龄性别的歧视，能够很好地解决Q区搬迁改造企业解除劳动合同、提前内退的“70后”“80后”年龄偏大尤其是女工的就业问题。并且这样的产业无论是在Q片区，或是SF区，甚至是TH区、LS区，都不用去外地，可以促成Q区搬迁改造企业失业人员就近就业。

2. Z市纺织服饰产业链集群明显

Z市纺织服饰产业基本涵盖了产业链上游的纺织、中游的成衣加工和下游的物流、服装贸易，全产业年总收入700多亿元，其中，纺织产业年总产值约20亿元，制造部分年产值约150亿元，贸易年交易额约600亿元（含电商约100亿元）。Z市纺织服饰产业基础雄厚，优势非常明显。

（二）打造Z市纺织服饰产业升级版

《Z市市产业转型升级示范区建设五年行动方案（2017—2021年）》提出，实施纺织服饰产业发展标志性工程和“三品战略”，形成发展新动能，创造竞争新优势，促进产业迈向中高端，打造集研发设计、生产加工、仓储物流、展示销售、电子商务于一体的中南地区最具规模、最有影响力的服饰中心。力争到2021年年末，纺织服饰产业实现技工贸总收入1 000亿元以上，培育5家产值超20亿元、10家产值超10亿元的明星企业，培育年销售收入过50亿元的服饰专业市场5个，引进5家国内领先的品牌总部入驻，新培育5个中国驰名商标。

以服饰产业链“补链、延链、强链”为目标，开展服饰产业链资源整合专项行动，着力构建集研、集供、集采、集产、集销、集服于一体的功能共享性服饰产业新生态。借力H省服饰国际展贸中心大平台，全力推动Z市服饰商家、企业走出去，快速拓展国外市场。同时，全方位为品牌服务，以品牌企业为本，加大重点项目支持力度，建立数据库，全面梳理研发设计、生产加工、销售渠道、仓储物流等环节现状。

积极推动企业和商户转战直播平台，助力产业转型，通过线上销售，填补疫情防控企业线下实体的空白，拓宽销售渠道。协助企业建设全渠道营销系统，加快数字化、智能化转型，打造智慧市场、智慧门店、网红直播平台，探索推进“研发+生产+商户+专业市场”的直播商城方案，打造线上直播市场群，做到信息共享、集团作战，加强需求信息反馈、研判、运用，以消费推动产销精准对接。

积极推进并落实打造数字化国家级面料图书馆，加速向原创品牌市场转型；加速建设线上供应链平台，实现智能制造+产业互联的发展新模式，打通Z市服饰供应链上下游，整合数据流、订单流、资金流。同时，自主开发智慧APP，改变LS服饰市场的支付方式，由原来的分散支付，改变为相对统一第三方线上支付。

二、发展设施农业

（一）发展设施农业的理由

第一，设施农业能够提供大量的就业机会，以草莓种植产业为例，本身是劳动密集型产业，不仅生产环节需要雇工进行施肥、摘叶、采收等，分拣包装环节也需要大量雇工，同时拉动钢材、农膜、生产用设施设备等基础设施的建设发展，带动物流、快递产业的发展。

第二，当前农村年轻劳动力主要流向城市，剩下的大多为老人及妇女，文化水平普遍偏低，没有精力也没有能力发展设施农业，而Q区搬迁改造企业失业人员的素质相对来说要高一些，也不乏略懂经营管理的人员。

第三，由于粮食种植费时产出不高，农村青壮年劳动力不愿意留在农村，更愿意去城市从事来钱快收入相对高的工作，这样导致农村的大量土地闲置。

（二）发展设施农业的具体做法

一是加强政策引导。制定设施农业的扶持政策，明确各类设施农业的补贴标准，明确财政、税收、贷款等方面的支持政策，对设施建设投入以及设施农业用水用电给予相应的财政支持。

二是建立完善试点示范。SF区政府通过土地流转整合、统一规划、统一标准，引导Q区搬迁改造企业失业人员租用农田，建设种植基地，发展设施农业。扶持培育一批优势特色设施农业，选择有代表性、针对性强的设施农业作为示范点。换一种思路解决失业人员的就业问题。从“失业工人”转变为“城市农民”，走出一条从城市到农村的就业创业之路。

三是加强技术推广。加快建立设施农业科技推广服务体系，着重提升基层农技推广体系的支撑服务能力。注重技术培训，将理论学习与实际操作相结合，提高设施农业经营管理者、生产者和技术人员的水平。

三、发展工业文化旅游产业

（一）我国工业遗产保护利用概述

工业遗产是工业文明的见证，是工业文化的载体，是人类文化遗产的重要组成部分。自中华人民共和国成立以来，留下了诸多宝贵的工业遗产。这些工业遗产不仅是我国工业文明发展的缩影，还具有较高的历史价值、科技价值、艺术价值、文化价值、经济价值和社会价值。为推动工业遗产保护利用，发展工业文化，工业和信息化部于2018年11月印发了《国家工业遗产管理暂行办法》，从认定程序、保护管理、利用发展、监督检查等方面，对开展国家工业遗产保护利用及相关管理工作进行了明确规定。2018年1月，工业和信息化部发布第一批国家工业遗产保护名录；2019年4月，发布第二批国家工业遗产保护名录；2019年12月，发布第三批国家工业遗产保护名录。已有249处形成于古代手工业时期、清末洋务运动和民国民族工业时期、中华人民共和国成立后至1960年代、1960年代中期到1980年代初期，分布于装备制造、原材料领域、消费品领域的工业遗产被列入《中国工业遗产保护名录》。2020年6月2日，国家发展改革委、工业和信息化部、国务院国资委、国家文物局、国家开发银行联合印发《推动老工业城市工业遗产保护利用实施方案》（以下简称《实施方案》），拟以老工业城市工业遗产保护利用为切入点，引领带动城市更新改造，推动老工业城市加快从“工业锈带”转变为“生活秀带”。《实施方案》从老工业城市发展实际出发，提出了开展资源认定管理、推进重点保护展示、完善工业博物馆体系、繁荣新业态新模式、拓展文化生活新空间、塑造城市文明新形象等6项任务，努力打造一批集城市记忆、知识传播、创意文化、休闲体验于一体的“生活秀带”，延续城市历史文脉，为老工业城市高质量发展增添新的动力。同时提出，完善配套商业服务功能，发展以工业遗产为载体的体验式旅游、研学旅行、休闲旅游精品线路，形成生产、旅游、教育、休闲一体化的工业文化旅游新模式。

（二）国内外经验借鉴

1. 国外经验

德国鲁尔区的工业曾经很辉煌，原本以煤炭开采和钢铁生产为主，有近50万人在煤矿工作。20世纪五六十年代，鲁尔区的煤炭逐渐被低成本的进口煤以及廉价的石油天然气所替代，经济开始出现衰落。但是经过三十多年的转型发展，鲁尔区聚集了大批文化和创意产业，华丽地转身成为“欧洲文化之都”。2003年，鲁尔区每13家企业中就有1家从事文化产业。大量创意产业落户鲁尔区，2007年，鲁尔区有超过11 000家创意经济企业，86 000名员工，年营业额61亿欧元。在转型过程中，鲁尔区依靠文化从内部进行创新，对工业建筑创造性再利用，赋予其新功能，改造为生态景观公园、文化博物馆。比如杜伊斯堡钢铁厂改造为景观公园，奥伯豪森巨型储气罐改造成展览中心。将物质空间环境与居民的社会记忆融合为新的地方文化，工业辉煌时期的记忆得以保留和传承。其实，对于工业厂房和建筑，鲁尔区最初也拆除过，其中一些经过治理后布局了新产业，但原有工业用地及建筑体量大，还有大量的厂房拆除后，没有新的用地需求，导致很多厂房和工业建筑长期闲置荒废。通过对原有工业建筑遗址的整理和规划，鲁尔区已经形成了“工业文化遗产之路”，比较典型的景点有关税同盟、杜伊斯堡景观公园、奥伯豪森巨型储气罐的改建等，如今在这些景点，曾经的煤矿工人变身为导游，以现实生活的经历向游客介绍这些老工业遗迹的历史。建筑是文化传统的有形部分，承载着人们对城市的情感记忆。鲁尔区将有形的建筑与无形的情感、传统建筑与现代功能、文化保护与经济发展成功地融合。鲁尔区的成功转型提供了创新环境建设的典范案例，为世界各国的城市管理者所推崇。

2. 国内经验

进入21世纪以来，我国吸取以往的经验教训，对包括工业遗产地在内的城市建设由大拆大建改为传承保护和改造利用。重庆工业文化博览园充分利用重钢留下的老建筑、老厂房、老设备等加以保护与改造，通过情景化、故事化序列，对重庆的开埠、抗战、三线建设、改革开放、直辖以来的工业发展历程、重要人物事件和辉煌成就进行梳理和展出。老厂房和现代建筑相结合，打造了集文、商、旅于一体的大型城市综合体。上海后工业生态景观公园（钢雕公园）的设计充分利用了场地内废弃的厂房、除尘塔、仓库、堆场等具有历史意义的工业元素，将钢雕艺术与工业文化元素同绿化环境、时尚景观融为一体，力求体现历史文脉，探索一种在老工业基地上建造公园的新模式。鼎鼎有名的北京798艺术区，堪称国内工业旅游发展的一个典范，也是探讨国内工业旅游发展不可能绕过的话题。798艺术区的前身是“一五”期间建设的北京华北无线电联合器材厂，后来发展成为北京市地标类文化产业园区，酒吧、餐厅、咖啡店、书店、画廊等经营场所点缀其中。上海的M50的名字取自它的坐标——莫干山路50号，这里有20世纪30年代至90年代的工业建筑50多幢，现在拥有20个国家和地区的140多个艺术家工作室、画廊、高等艺术教育以及各类文化创意机构。这种模式也带动了国内一大批形形色色的“文化创意园区”。杭州的杭丝联，建于20世纪50年代，为当时全国丝绸行业中规模最大、技术最先进、加工配套能力最强的丝绸印染联合企业。目前，该建筑群经过改造，成为集餐饮、健身、休闲、娱乐等为一体的“丝联166”产业园。

上海八号桥创意园园区位于上海市黄浦区建国中路8–10号，是全国工业旅游示范点、首批上海市文化创意产业示范园区、首批上海市创意产业集聚区、首批上海工业旅游景点服务质量优秀单位、上海市国际文化交流基地、上海名牌区域、上海市科普教育基地。园区由20世纪50年代的上海汽车制动器厂老厂房改造而成。经过一番设计和包装，老厂房彻底改变面貌，抛开工业厂房原有的沉重感，随处可见的是前卫的创意。八号桥以其特有的建筑风格和历史底蕴，集聚了以设计为主的文化创意产业，成为时尚创意地标。曾经是闲置的20世纪五六十年代的工业老厂房，如今已建成3处创意产业集聚园区。整个空间以桥为主题，办公楼之间以各式廊桥相连。漫步园区，每一个细节都饱含韵味。灰暗色调的青砖墙面烙刻了时间的印记，凸显老工厂的古旧韵味。由于楼与楼之间用桥巧妙连接，因此得名为“八号桥”。重工业巨人被创意的柔情唤醒，焕发出青春的样子。每个园区洋溢着浓郁的后现代味道，浓重的怀旧氛围交织着时尚气息，散发着历史与现代赋予的独特魅力。在都市“工业文明”和“创意文明”两个时代，八号桥都向阳生长。同样的一砖一瓦，散发的却是完全不同的精气神。

（三）Q 老工业区工业遗产情况

Q 老工业区为 Z 市城市化进程做出了巨大贡献，同时也留存了数量庞大的工业文化遗产，这些工业遗产类型多、保存好且集中分布，见证了 Z 市城市发展的历史，同时也是城市精神的重要载体，具有重要的历史、科技、艺术、社会和旅游开发等价值。Q 老工业区共有 104 处工业遗产，包括厂房、车间、烟囱、铁路主线、机车、办公楼等。其中遗产的时代分布从 1956 年延续到 21 世纪初期，主要类型包括厂房、车间、仓库、（造粒、凉水、蒸馏、熄焦）塔、（高、焦、热风、多膛、沸腾）炉、锅炉房、煤气罐、挥发窑、机房、门楼、烟囱、铁路主线、机车以及工业生产生活附属设施办公楼、影剧院、科技楼、实验楼、食堂等。另外还有一批珍贵的实物档案，包括国家、省市的主要领导人视察时的照片、题字，主要工业研发产品的获奖证书、奖杯、奖章、贺信、海报、样品，老票证、老报纸、纪念章等。Q 老工业区三大老厂集中连片分布，工业遗存的类型多样、空间要素完整、建筑规模宏大，其富集程度、震撼程度国内罕见。

（四）Q 老工业区工业遗产保护利用路径

根据 Q 老工业区的自身优势特点及实际情况，借鉴国内外其他城市激活老工业遗址成功的做法，以工业文化、休闲娱乐、科创展示、旅游地产四大产业作为支撑，打造中国工业版的“迪士尼”，让 Q 老工业区工业遗产得到精心保护的同时，焕发出新的活力，促进经济转型和产业发展，充分挖掘吃、住、行、学、娱、乐、购服务业吸纳就业最多、能力最强的潜能，带动就业增长。

1. 开展资源认定管理

成立工业遗产保护组，全面开展工业遗产的摸底调查、评估和认定工作，摸清工业遗产底数，明确工业遗产构成，评估工业遗产价值，进行分级分类汇总，建设工业遗产数据库，为科学规划、分类保护、有效利用提供支撑。及时向社会公布经认定的工业遗产清单，及时核定具有重要价值的工业遗产为文物保护单位和珍贵可移动文物。

2. 加强工业遗产生态修复和保护

切实加强重点工业遗产本体保护和周边环境治理，实施一批具有示范性、带动性的工程项目，消除工业遗产安全隐患。Q 老工业区工业遗产年代久远，时间最长的超过 60 年，加快甄别和抢救濒危工业遗产，完善档案记录，加强修缮保护和定期维护保养；再加上搬迁改造企业大多从事冶炼化工建材业，很多工业遗产具有污染或潜在污染的风险，把环境风险评估作为强制性要求，根据工业遗产的用途、环境风险、健康影响等，有针对性地进行污染治理、生态修复。依托价值突出、内涵丰厚的重点工业遗产，特别是已核定公布为全国重点文物保护单位和省级文物保护单位的工业遗产，开展工业遗产价值阐释展示，弘扬工业遗产当代价值。

3. 深度展示工业文化

在继承传统工艺的基础上，不断加大创新力度，推出符合消费需求的更高档次产品，从而加快传统产业的转型升级。一是充分利用 Q 老工业区搬迁后留下一大批具有时代特征、工业烙印的老厂房、老生产线、老设备，老建筑等，加以保护与改造，建设 H 省工业博物馆。通过情景化、故事化序列，集中展示新中国重化工业发展演变。展现工业的历史、科技、文化，发挥工业遗产的展示、体验、保护和教育新功能。市民有望走进厂房车间，来到半个多世纪前的厂矿、职工及家属生活区，遥想今昔变化。博物馆主要借助其深厚的历史文化价值和审美价值来吸引游客，在开发过程中需要注意对工业文化遗产资源的原真性保护和文化休闲旅游的展现，激发其社会认同感，从而实现工业遗产地的保护和文化传承。二是将工业遗产改造为工业文化主题公园、景观公园、公共休憩场所等，既满足了市民休闲娱乐的需求，又改善了城市居住环境，带动周边地块环境提升。充分利用搬迁后场地内废弃的厂房、造粒塔、多膛炉、挥发窑等具有历史意义的工业元素，将工业文化元素同绿化环境、时尚景观融为一体，体现历史文脉，探索一种在老工业基地上建造公园的新模式。三是打造创意产业园。利用工业遗产发展文化创意产业在经济上具有相对的低廉优势，可以满足创业者降低资金投入的需求；可以使废弃的工业区焕发生机，更具吸引力。工业遗存的大跨度、大空间结构的厂房空间有助于文化创意者对历史和文化的想象和创作，能够更充分诠释文化创意。利用这些工业遗产发展文化创意产业，不仅能够保护工业遗产，还能够对地方经济的转型和发展起到推动作用。

4. 繁荣新业态新模式

将工业文化元素和标识融入内容创作生产、创意设计，利用新技术推动跨媒体内容制作与呈现，孕育新型文化业态。完善配套商业服务功能，发展以工业遗产为载体的体验式旅游、研学旅行、休闲旅游精品线路，形成生产、旅游、教育、休闲一体化的工业文化旅游新模式。促进工业遗产与现代商务的融合，改造利用老厂区、老厂房、老设施发展文化创意园区和影视拍摄基地，发展以工业遗产为特色的会展经济和文化活动，促进工艺美术产品、艺术衍生产品的设计、生产和交易。

5. 拓展文化生活新空间

加快城市滨水地区港口和传统工业区的转型升级和用地更新，修复城市沿岸厂房、仓库和其他历史遗存，推动以工厂仓库为主的生产岸线转型为以公园绿地为主的生活岸线、生态岸线。强化博物馆、美术馆、纪念馆等公共文化服务功能，推动工业遗产保护利用工程对公众开放，提升城市公共文化服务能力。依托工业遗产建设一批主题突出的工业遗址公园、城市文化公园等，形成融入现代设计观念、适应当代生活方式的城市人文景观和公共开放空间。

6. 塑造城市文明新形象

推动工业遗产保护与城市形象提升相融合，将能够凸显工业文化特色的景观标志纳入城市建设规划。支持工业遗产保护利用与文化节、艺术节、博览会、体育比赛等交流活动相结合，举办工业遗产主题研讨会和工业文物交流展，拓展工业遗产的价值普及和传播推广渠道，弘扬新时代中国特色工业文化。实施城市工业遗产品牌培育提升行动，形成一批具有示范性、带动性和影响力的工业遗产文化产品和服务品牌， 提升城市品质，彰显城市特色。

四、发展养老服务产业

（一）养老服务业发展的背景及其对就业的影响

养老产业是随着人口老龄化而发展起来的一个新型产业，是为老年人口提供产品或服务、满足其衣食住行用以及精神文化等方面需求的综合性产业体系，包括老年用品制造零售业、养老房地产业、居家养老服务业、养老保健医疗服务业、养老保险理财业、养老教育服务业、养老精神文化娱乐业、养老人员培训业等。 2019 年 11 月颁布的《国家积极应对人口老龄化中长期规划》显示，2018 年我国 60 岁及以上老年人口占总人口的

17.9%，已步入国际标准公认的老龄化社会。另一方面，中国老龄委员会的数据表明，目前，我国老年市场的需求量为 30 000 亿元人民币，而能为老年人提供的服务产品却不足 10%，尤其在老年食品、康复保健、社会机构养老、社区服务业、文化娱乐等方面，市场供需之间存在较大差距。可见，老龄人群日益增长的物质文化需求与现有落后的老年产业及不成熟的老年产业市场的矛盾越来越突出。这说明，随着老龄化的不断加剧，养老产业的市场需求量大，发展前景广阔；老龄化在给我国经济社会发展带来巨大冲击的同时，也蕴含着商机，可为社会创造就业岗位。因此，加快发展养老产业对于我国扩大内需、促进就业具有重要意义。

事实上，在市场经济发达的国家，伴随人口老龄化而来的养老产业已经有了显著发展，并形成了新的经济增长点，也为劳动力就业开辟了新的领域。增加老龄产业有效供给能促进老龄事业的发展，有利于缓解就业压力，特别是中老年劳动力的就业。中国国家统计局的一组调查数据表明，居住于代表性养老机构（如敬老院、社会福利院、托老所和老年公寓等）的老人中，60 ~ 69 岁的老年人占比 15%，70 ~ 79 岁的老年人占比 33.2%，80 岁及以上的老年人占比 51.6%；而其中生活不能自理的老人占比 48.5%，生活部分能自理的老人占比 22.6%。可见，随着城市老年人口对长期护理的需求不断增加，这种状况为下岗职工的社区就业服务提供了极大空间。一般说来，养老产业涉及家政服务、医疗保健服务、文化娱乐服务等领域，这些行业大多属于第三产业。其中，养老服务业还属于密集型第三产业，其吸纳就业能力最强。养老服务产业带来的直接就业岗位主要集中在老年看护中心（托老所）、老年疗养院、老年公寓、老年会所等服务项目上，这些专业机构在提供养老服务产品时，需要配备大量护工及其他管理和辅助工作人员，且其中大部分劳动力并非高端劳动力。

（二）Z市Q区发展养老服务业面临的问题和对策

统计显示，到2020年年底，Z市60周岁以上老年人口达到87万人，占全市人口的比例达到20.5%，庞大的老年群体将对Z市养老体系建设等带来新挑战。应该看到，当前，Z市养老服务业的发展尚处初级阶段，还存在明显短板。比如，部分人员积极应对人口老龄化认识不足，养老文化发展氛围不浓厚，养老服务基础设施有待加强，养老服务有效供给不足，养老服务的人才短缺等。显然，大力发展养老产业，已成为激活Z市经济发展的一个重要抓手，并可为Z市经济社会转型伴随的大量下岗职工创造就业岗位。这对老龄人口居住比重很大的Q区将带来重大利好（由于历史原因，原来在各厂矿对应的老旧社区居住的老职工大多不太愿意离开其长期工作和生活的地方）。事实上，目前已开始筹建养老服务中心，若能以此为基础，继续加大支持力度和合理引导其发展，则可为社会创造大量的就业岗位，将有力缓解Q区搬迁企业下岗职工的再就业压力，尤其是中低端劳动力的就业难问题。

习近平总书记在党的十九大上明确提出，“要积极应对人口老龄化，构建养老、孝老、敬老政策体系和社会环境，推进医养结合，加快老龄事业和产业发展”。Q区为有效发挥养老服务业的就业带动效应，必须在以下方面综合发力。

1. 加强政策引导

市、区和街道政府应把养老产业作为新兴的重要产业，对其加强研究和规划，制定和完善养老产业系列政策，为养老产业发展创造良好环境。要制定相关的可操作性标准，鼓励和支持多元化资本投资养老产业。要加大对养老产品生产企业、建设项目的支持，对于有发展潜力、市场急需的养老服务项目，财政部门应给予必要的贴息贷款和信用担保。要适应老龄化社会需求，加快养老业队伍建设，通过密切结合养老产业的现实情况和发展趋势，加强对养老产业相关人才的培养和培训。要搭建政府主导，企业、非政府组织、家庭、个人共同合作的多元化养老平台，通过出台优惠政策，增设养老服务方面的硬件设施，建立公共基金运行机制等来保障Z市养老服务业的有序发展。

2. 开展居家和社区养老服务改革试点

根据《民政部、财政部关于确定第二批中央财政支持开展居家和社区养老服务改革试点地区的通知》（民函〔2017〕252号）精神，Q区要积极开展居家和社区养老服务改革试点。要以老年人的能力筛查评估、需求分析和居家养老服务设施摸底为基础，探索建立居家和社区基本养老服务清单。

3. 鼓励各类资本进入居家和社区养老服务领域

支持专业机构或城乡社区老年协会等社会组织建设运营管理社区日间照料中心。要精心培育一批品牌化、规模化、连锁化的机构或组织。大力推行“老年协会 + 居家社区养老”模式，探索建立“时间银行”互助养老模式，提升居家和社区养老服务水平。

要率先在Q区引进1 ~ 2个国内外知名居家和社区养老服务企业或机构进驻，全面铺开“时间银行”互助养老模式，构建区、街道、社区、小区四级居家和社区养老服务网络，努力在Q区打造出1家示范性居家和社区养老服务机构，并使其每个街道至少设有1家居家养老服务中心，每个社区至少设有1家日间照料中心，每个小区都在养老服务驿站服务辐射范围，打造“15分钟养老服务圈”。

要积极支持社会力量举办养老机构，重点发展医养结合型养老机构。鼓励民间资本对闲置用房、企业厂房、商业设施及其他可利用的社会资源进行整合和改造，发展品牌化、规模化、连锁化养老服务，并从设施建设、服务评估和机构监管等三个层面设立服务质量“基准线”，切实提升养老机构服务质量。

4. 完善城乡养老服务设施

率先推进Q区智慧养老建设。对Q区居住小区，要按照人均用房不少于0.25平方米的标准规划设置养老服务设施，并将此技术标准列入审批流程；对Q区老旧居住小区要根据统一布点规划，整合现有厂房、学校和社区闲置用房，用于发展嵌入式社区小型养老机构和日间照料中心；鼓励大型福利院和专业机构在Q区开展社区延伸服务，设置日间照料中心、康复室、医务室、远程医疗平台等服务设施。率先在Q区建立老年人基本信息库，加强民政、公安、卫计、人社等部门的数据对接，及时采集更新Q区老年人身体状况、经济状况、服务需求等信息。

第二节　发展广场经济，拓宽就业渠道

广场，是一个城市的记忆点，也是一个城市的繁华掠影。远望全国各地，无论是南起东长安街，北至中国美术馆的真空地带——王府井大街，还是大陆最摩登、白领金领最密集的世纪连廊——上海浦东陆家嘴广场；无论是逛街吃美食、跨年听钟声的重庆解放碑广场，还是休闲娱乐、购物必至的武汉国际广场……这些灿若繁星的城市广场不仅是人们对大自然的亲近与回归，而且早已成为展示城市形象、发展广场经济的窗口，更为人们就业增收拓宽了渠道，搭建了平台。究其根本，广场经济是指一个地区通过修建一定主题的非政治性群众聚合场所，并利用这个场所设定的主题功能，引发核心区域及其周边地区实现经济非常规发展的现象。城市广场就像一个庞大的磁场，拥有“集人气、聚商气、敛财气”的功能，独特的广场隐藏着巨大的商业潜力，并通过催生“广场经济圈”来促进城市区位经济的迅速发展，带动全民就业。从另一个方面讲，消费结构的升级、消费层次

的多元化正促使广场投资规模进入一个放量扩展阶段，为广场经济的繁荣发展带来溢价空间。而且，当下老广场的升级，新广场的实力圈粉激励着人们的消费形态由对外支出到主动创新创业转变，广场的魅力无处不在，其中更是有丰富的资源和宝贵的财富与机遇等待着人们去发现。

在21世纪的新时代，广场作为一个城市政治、经济、文化生活的北斗之尊，已然成为各家商户的战略要地，并有着“得广场者得天下”的民间俗语。毋庸置疑，以广场为名片是现代商业发展的重要规律。纵观当前广场商圈的发展现状，广场经济的联动性也早已有迹可循，其辐射范围主要表现在以下几点。

一、广场经济辐射范围的主要表现

（一）推动服务业的快速发展

据国家统计局有关数据统计，1999年中国服务贸易为610.2亿美元，到了2020年，中国服务贸易总额已达2 265.6亿美元，贸易总额增长近3倍之多。可见，经过二十多年的蓄势蜕变，中国服务业已然成为推动经济增长的新引擎。而作为第三产业的服务业，其最主要的资源要素就是人，广场吸引人气，聚拢着城市的生机和活力，其抚慰人心的烟火气更是引来商家“扎堆”，带来了广场周边商场、餐饮、广告乃至养老行业等服务业的快速发展。由于中国特色社会主义制度带来的优越性和小康社会的如期到来，城乡居民收入水平普遍提高，生活差距逐渐缩小，人民群众对美好生活的需求内涵日益丰富，并将内心的诉求付诸各种实体经营店，因此，广场经济对服务业的推动作用体现在生活的方方面面。

首先，广场周边各种商场，正逢其时，发挥了“聚人气”的独特功能。各个广场中的商户具有前瞻性目光，把商场打造成符合顾客需求和顺应经济发展潮流的新城市空间。这里不仅是商品流通的枢纽站，更是升级版的

“一站式服务”，聚会、休闲、购物、住宿等各种业态都聚集于此，商场的各种板块之间形成互动，跨界融合的新消费趋势众目具瞻。比如我国的万达广场，无论是广场内部，还是广场周边的各种商业街，都是较高的消费热点，并使生活性服务由大众化逐渐向精细化与高品质的服务转变，形成了服务体系中更高端的价值链。万达广场作为广场经济的领路者，对于国家“稳就业，保增长”有着重大的意义，更为现代服务业的进一步发展提供了新的热土。

其次，广场周边的餐饮业也为服务业的发展贡献着自己的一份力量。自改革开放以来，随着我国经济的快速发展，我国服务化进程持续推进，在互联网、电信技术的推动下，餐饮服务业的比重更是持续提升。餐饮业的数字化使得服务业在经济上有了革命性的变革，广场结构顺应时代发展，突破了更多可能性边界，为广场经济扩展了新的空间。广场辐射的不仅仅是豪华餐馆，还有周边的各种小吃街、奶茶店、饰品店等，这些早已是服务业中的潜力股。另外，相应的外卖平台更是应运而生，如美团外卖、饿了么，都为广场的发展壮大留下了浓墨重彩的一笔。如今，外卖行业迅猛发展，而城市广场作为一个中介点，通过与科技服务的遥相呼应，有效地把不同区域，不同群体的空间需求匹配起来，更重要的是，外卖平台的营商环境不断升级改造，无接触配送、代运营服务供应商、共享厨房等服务新思路的产生对保障民生和服务产业的创新发展都产生了积极的影响。从消费者层面来讲，优良的营商环境使顾客更好地对外卖餐饮业由体验式成功转变为信赖式，提高了各家商户的声誉。

此外，广场经济是养老服务产业中的“有形之手”，在无形之中发挥着重要的作用。目前，我国已进入老龄化社会。据统计，截至2020年年底，我国60岁及以上老年人口数将达2.55亿，未来这一数字将持续上升，养老问题可谓是迫在眉睫。所谓“危中寻机，才能化危为机”，广场作为一个以人的行为活动为基准的公众场所，正是老年人休闲娱乐、放松心情的最佳之地。克莱尔·库柏·马库斯在《人性场所》中对广场做出如下定义："一个主要为硬质铺装的、汽车不得进入的户外公共空间，其主要功能是漫步、闲坐、用餐或观察周围世界。"这一特征正是满足了老年人在城市生活中的需求。如今广场"以人为本"的设计理念在外观环境上更是为老年人提供了集人际交往、活动健身、文化娱乐于一体的广大空间，无论是实体设备，还是智能硬件产品，一应俱全。广场围绕老年人独特的精神需求乃至生理需求，使"互联网+智慧养老"体系成为焦点，更使老年人之间，甚至老年人与子女、老年人与青年人之间有了社交圈。更给力的是，国家出台了各种政策来扶持老年服务业的多样化发展，让全面建成小康社会的新时代能将改革开放以来取得的伟大成就尽可能地惠及更多老年人，使他们共享新时代新思想的伟大发展成果。因此，在经济的推动和政策的扶持下，广场为"老有所医、老有所为、老有所学、老有所乐"提供了保障，使养老服务业的短板问题得到有效的缓解。可以想象，老年人围圈而坐，在广场上集体欢歌，纵情娱乐，这将会是社会中最美的和谐画面。

当然，无论是商场、餐饮业，还是养老服务业都存在着更大的发展空间，广场已然成为服务业中最重要的"稳定器"和"助推器"。

（二）带动楼宇经济的兴盛

近几年来，如果给城市化整理一下上榜热搜词语，"楼宇经济"绝对是首屈一指。楼宇经济不仅是城市美好生活的具体表现，也是未来新经济、新产业的重要载体。而广场，作为城市化的名片，作为人们的聚焦点，记录着一座城市的八街九陌、软红香玉，灯火辉煌之上，寸土寸金的广场资源一直在有限的空间中做着无限的传奇。如今，当置身于一座座鳞次栉比的高楼大厦中时，仿佛能感受广场为这些楼宇带来的生机与活力。在经济快速发展的新时代，广场形成的经济圈带动周边的楼宇经济借势升温已成为常事，周边的各大商务商贸楼也成了不少大公司青睐的场地，这些庞大的楼体，将国家发展楼宇经济的理念诠释得淋漓尽致。

其一，广场周围的楼宇具有占地资源少、聚集能力强、产值效益高、辐射能力强的巨大优势，一些商务商贸楼以开发、出租、售卖等形式引进企业资源，产生税源，是一种能带动区域经济发展的新兴经济形态。如今的广场经济已经从原来的注重产品生产逐渐转向注重服务生活，变平面发展为立体发展，融合多种经济板块于一体。一栋商业大楼包括商务办公、餐饮、文化会展、休闲娱乐以及生活中的各种配套服务设施，这种经济业态已然是常见现象。对上班族来说这也是一件乐事，他们可以不再为中饭和晚饭发愁，工作有压力时，顺便还能到广场之中寻得放松娱乐的好去处。广场的集聚效应和得天独厚的区位优势为楼宇的发展壮大奠定了基石，而且城市广场作为一种超集聚的载体存在，从本质上讲，就是商业活动伴随着人口的聚集不断向楼宇集聚的过程，广场周边形成的高新科技型研发企业、智能型服务企业、商务型贸易企业充分体现的是知识智慧与经济发展相结合的产物，引导发展成一批批的“金融楼”“会计楼”“律师楼”“设计楼”“IT 楼”等以知识科技为主的楼宇。现在的楼宇经济是以社会效益、人文效益为主的服务性经济，城市化广场为楼宇经济的发展提供了源源不断的市场、人才、信息、技术等要素，成为企业内部结构升级改造的“温床”。从经济角度来讲，知识性人才与技术信息的结合使楼宇实现了单位面积税收的最大化，城市资源的有效配置使楼宇的“含金量”得到提升，以广场为中心矗立的楼宇，不仅可以通过知识性人才之间的交流降低交易成本，还可以通过信息技术的聚集产生规模性经济，形成了科技、人才与建筑完美融合的亮丽风景线。

其二，广场周边老旧楼宇的改造升级为楼宇经济的发展拓展了空间。

经过岁月洗礼的老旧楼宇很难跟上时代发展的步伐，这些起步较早的老城区逐渐失去了活力：基础设施陈旧、硬件设备老化，整体形象不美观，在一定程度上阻碍了企业的集聚发展。当今时代，市场经济的发展和日趋激烈的竞争环境使得广场的繁荣与老旧的楼宇显得格格不入，许多现代年轻人表示更喜欢去装修敞亮、更现代化、更时尚的企业办公，因此，对于入驻企业来说，他们需要良好的环境来提升自身的形象，通过完善配套设施、提高精细化服务水平来满足现代企业多元化的需求。而且，对广场区域的楼宇升级改造，改变其趋于老化的现状，可最大限度地发挥广场作用，最大限度地挖掘楼宇价值，使其成为真正的"掘金之地"。另外，从内部来讲，新型楼宇可以更好地顺应时代的发展潮流，为企业打造集物流、商流、信息流、资金流于一体的服务平台，通过资源的优化配置，将供应链与互联网深度融合，实现原材料—制造端—客户端的无缝链接，吸引更多供应链企业入驻大楼，有效提高企业效益和效率。从外部来讲，优良的办公氛围，周围便利的交通环境为楼宇企业提供了专业化的公共服务，降低了企业的商务成本，为实现可观利润创造了条件。由此可见，随着社会经济的转型和社会结构的升级，改造老旧楼宇、提档升级楼宇环境、增强楼宇经济品位成为必然趋势，这不仅能够吸引更多高素质的劳动力在此寻找就业机会，还可以进一步辐射更大范围的楼宇进行规划设计，使黄金地段真正产生"黄金效益"。

其三，政府的支持为广场楼宇的发展带来了溢价空间。政府有效举措使得广场周围的楼宇如同一个个"立起来的开发区"，让"广场 + 楼宇"的融合成为最新的发展之源。政府制定专项政策，以广场为中心，以楼宇为依托，从产业端蔓延延伸，打造"以楼聚产，以产兴城"的新局面。通过政策的扶持和引导，积极引进高端产业，为优化调整楼宇布局而大力促进产业集群发展。这种集群式发展模态带来了产业链的不断衍生、扩散，吸引了更多种行业在楼宇内聚集，使其充分发挥产业聚集效应，建立相对集中的产业群、产品群，实现多种资源共用共享，多种产业交汇于一体，大大提高了高端人才之间的交流，大力缩减交易成本，以致达到更高的利益，更好地扩大税源。另外，政府积极引导市场配置，坚持广场、区街、楼宇相互联动，狠抓硬件改造，鼓励楼宇企业采取自筹、联营、入股等方式筹措资金，尽量依据楼宇定位来满足市场需求，推进楼宇内部结构信息化、智能化、便捷化，促使楼宇外部服务设施舒适化、安全化、生活化。由于政府的积极响应，企业能更好地实现资金的融合，这不但能提升楼宇形象和企业的办公环境，也能提高资产的投资水平和数据指标，将低规模的产业聚集和恶性竞争进行“扫荡式”排查。纷至沓来的利好政策彰显着楼宇不可比拟的发展优势以及在现代城市中的独特地位。

广场是楼宇发展的“指路人”，为一座座楼宇的矗立下足了功夫，加足了马力，在新时代中展现着自己独特的魅力。

（三）促进特色经济多元化

广场的魅力，无处不在。广场的人气、商气吸引着众多特色店纷纷在周边安营扎寨，广场周边的一些小街小巷形成了特色街，而特色街的形成促使周边的大商场向中高档的个性化主题发展，形成了各有特色的大商场，这些富有特色的大商场和个性鲜明的特色街、特色店、特色文化以广场为链接点共同组成了广场的特色经济，提升了广场经济的档次和质量。另外，一道独具特色的消费风景线已登上广场舞台，即夜间消费 + 文化消费。在灯火通明的广场大地上，人们主动前来把握时间的脉搏，倾听光阴的呼唤，感受时代的狂欢，别具特色的夜购和浓厚的文化气息使广场成为大众的广泛青睐之地，其相互萦绕夜光的时刻正成为城市的另一重魅力。

据《阿里巴巴“夜经济”报告》显示，城市 60% 的消费发生在夜间，大型商场每天 18 时至 22 时销售额占比超过全天销售额的 50%。由此可见，对于广场商业来说，提供夜间消费服务必将是一幅欣欣向荣的景象！夜经济是一个广场烟火气的独特映射，在某种程度上反映着城市消费市场的独特变化，体现着广场消费的特色。目前，夜间小摊、露天烧烤等类似夜间地摊塑造了“一城千面”的广场现状，“地摊经济”已经成了男女老少、全民通杀的热门话题。“地摊经济”具有门槛低、投入小、收益见效快的特点，不仅是平常百姓的休闲之地，更为许多人带来了就业岗位。因此，许多小商小贩也在此寻得良好商机，抓住了“淘金”的好机会，使烧烤架上的烟火味在灯火通明的夜晚让每个食客都心满意足。纵观广场经济，地摊只反映了广场夜光时刻的一个面，从更全面的层次讲，各家商户还针对消费者的夜间需求做出定位，通过夜间小吃店、奶茶店、饰品店、酒吧音乐厅等各种商业实体在繁荣的广场经济中分得了属于自己的那杯羹，打造了“吃、住、行、游、购、乐”等系列夜间消费活动。在很多人的印象里，夜间经济似乎只发生在中心城区，殊不知“郊区人民睡得早”早已是老皇历，如今郊区亦是夜间广场经济的狂欢舞台，广场让夜经济的市民气儿与现代化城市建设相融合，并以高质量供给引领新业态。如今，点旺广场夜间消费的活力已经成为不可阻挡的发展趋势。

除此之外，在信息流穿破了传统时光的今天，俯瞰我们这个浩瀚的宇宙星空，我们可以从一个全新的角度去认识广场的特色经济——广场文化。文化氤氲着城市的味道，城市也借文化表达着自我个性。文化不仅是一个城市的象征，更是发展特色经济的砝码，也是融合一座城市历史以塑造自然美和艺术美的重要平台。走进城市广场，餐饮品牌向文化品牌蜕变，人们除了可以品尝各种美食，与老友小酌几杯之余还可以逛一逛主题文化街，将会别有一番韵味。当历史与时代碰撞，当文化与广场接轨，越来越多的国产品牌受到全球消费者的青睐与热捧。在广场中，总能触摸到独特的商圈文化，感受到文化的力量，浓浓的文化氛围与炫目的商业气息相映成趣。毋庸置疑，商业化已成为文化传承的辅助手段，其利用丰富的文化资源，使广场成为一个历史文化与现代商业完美交融的典范商圈。此外，以城市特色为基础，以传统元素为内涵而设计的文化产品成为广场商业区的牌面，文化产业与其他产业相结合，让商业化成为文化传承的辅助手段，不仅提高了商户的经济效益，更将传统价值对接时代需要，展现了一个城市的历史文化积淀及其自身的独特魅力。更重要的是，植根于广场地域的特色可以保留自有文化的“初心”，使我们国家每个城市的独特性并不会在岁月的冲击下变得消失殆尽，而是营造最具丰富性的艺术魅力和公共性的开放空间，既能满足人民群众的精神享受，又能保持我们的特色，提升品质。广场是文化的载体，文化是广场的内涵，广场文化本就是互为一体，广场给文化提供了发展的舞台和空间，文化同样给广场提升了人气和品味。

每一个广场都是一本浓厚的书，书中的每一页都在记录着城市的血脉与骨架。广场周边，下班的人群，川流不息的行路人，纵横交错的街道交相辉映，仿佛步入一个个长长的画廊，浓缩着城市的精华，引领着城市的命脉，汇聚着城市的繁华。

纵观Z市，其市内广场如群星荟萃，摩肩接踵的人群与各大广场相融合，共同打造着城市的最新记忆点。Z市商业起源于以火车站为中心的商圈，并沿钟鼓岭步行街、建设南路，逐渐向四周辐射延伸，形成了中心广场商圈。随着城市经济的发展，目前Z市已形成了一个市级商圈——中心广场商圈，以及三个区域级商圈，这四大商圈牵引着Z市的发展，并为其繁荣壮大提供了充足的动力。

作为Z市的起源之地，LS区拥有优越的地理位置，地处城市的“心脏”位置，其服装商场的开疆扩土，带动着LS区的新发展。目前，Z市的LS区有中心广场，其周围更是有王府井等各大广场。中心广场的发展史可追溯到 20 世纪。随着我国政策的改革以及时代的发展，在 21 世纪初，各大商业广场“忽如一夜春风来，千树万树梨花开”，商业集群也由此建立起来，而 LS 市场群一跃成为中南地区最大的服装批发市场。最近几年，LS 区的效益优势更是吸引了不少“高富帅”商业广场商厦在此落户，商圈氛围越来越具有活力。历时 30 多年的发展，LS 服饰品牌已辐射大半个中国，中心广场的服饰产业当之无愧已经成为最具代表的 Z 市品牌，其影响远至东欧、东南亚等地。而且在繁华的服装市场之上，还带动了上下游产业链的壮大，各大餐饮娱乐、酒店公寓等业态顺应而生，使得 LS 区的广场集群为这座城市画上了浓墨重彩的一笔。

再着眼看 Z 市的 HT 区，HT 区地处“南北通衢”之要塞，据守着 Z 市的“东大门”，其广场的崛起，老棚户的改天换地为名商胜景的汇聚创造了优越的条件。在时代的熏陶之下，HT 区历经几十年的蜕变，已打造出四大特色名片——工业老城区、商贸新兴区、生态宜居区和交通便捷区。近几年来，HT 区吸引了海量的资本集中涌入，大量商业项目、广场建设、楼盘落户已纳入发展范畴之内。而大型商场和各种新型业态的结合以及特色商业街区的有力打造，使得中心商业区格局越来越别具一格。如今，HT 区正用非凡的气魄和独特的魅力，在自己的黄金土地上布局三座新城，谋求新型产业的崛起和飞跃。相信在不久的将来，Z 市东部地区的“三城一中心”“三线五纵横”“三圈五片区”的格局会日益清晰，广场商圈的溢价将会越来越大，商业价值也随之凸显，“东大门”的喷发之势正逐日可见。

另外，位于湘江以西的 TY 区也形成了很多广场商圈，带动着城市区位经济的迅速发展。TY 区最具特色的广场俨然已经成为游人购物，休闲，观光，娱乐的综合性场所，其悠久的历史文化打造了独具韵味的风光。广场内设有九大标志性建筑和景观，形成集瞻仰、文化、旅游、商业、市民休闲娱乐为一体的新型城市开放空间。其次，TY 区以广场为核心打造的城市商务中心也是毫不逊色，广场整体的改造升级重新激活了商业氛围。如今，其广场是一个汇集“精英文化”“雅文化”以及“时尚文化”为一体的城市商业地标作品，形成生活体验、高档餐饮、云端酒店、娱乐休闲、艺术博览等新业态的“情景式商业 BLOCK 街区”和“人文艺术休憩中心”，集合了精品酒店公寓、5A 写字楼等多种新兴经济体，并辐射 Z 市周边广场，为人民群众提供了最高品质的国际都市生活蓝本。

现如今，唯有 Q 片区乃至整个 SF 区都没有构建商圈，而 SF 区作为长株潭融城中心的桥头堡，是 Z 市的北区政治、经济、文化、卫生、商业中心，但该城区现有的市场集人气、聚商气、敛财气的能力非常有限，担当不了构建城市商圈的重任，最容易形成商圈的广场都没能形成商圈。究其原因，SF 区是重型工业区，其厂矿企业多，而居民购买力消费水平低下。但更为主要的原因在于其最容易形成商圈的 XSL 广场缺乏零售业巨头大型商场超市的支撑，零售业巨头对于商圈的形成、广场经济的发展所起的作用，犹如江湖大哥振臂一呼，立马应者云集。为了 XSL 广场商圈的进一步发展壮大，我们做出以下建议。

二、发展广场商圈的建议

（一）充分发挥响石岭广场的地理位置

XSL 商业区位于 SF 区主城的中心位，其明显的区位优势，对 XSL 广场的进一步发展本身就是一个极为有利的条件。SF 区政府、医院、学校环绕的地理位置具有显著的优越性，如今可以在商业区招商引进更多的大型商场超市，并以此为中心点辐射更大范围的商圈经济，如服务产业、楼宇经济、特色经济以及文化经济等，通过借助地理的优势让这些多业态的经济模式在 XSL 广场安营扎寨，充分发挥“带头大哥”的作用。虽然说 SF 区的居民消费水平较为低下，但是其中隐含的巨大消费潜能却不容小觑。

XSL 广场作为长株潭融城的中心点，周围区域是 SF 区人口最密集的地区，也是地区居民消费的必经之路。特别是随着循环经济工业区、职教园建设的推进、YL 新区的快速发展以及重点道路的竣工通车，必然会使 XSL 商圈消费人群不断增加，广场人气将以指数型趋势急剧上升。由此可见，充分发挥响石岭广场的地理位置将会使周围人群的消费需求不断攀升，其消费潜能也是显而易见。

（二）整改 SF 区的路段，提升整体环境

良好的环境氛围对于广场商圈的形成具有非常重要的指导作用，总体改造以吸引人、留住人、愉悦人为主要目标。首先，XSL 广场的路段改造必须提前考虑将来构建商圈的需要，既要畅通交通又要不影响周边商圈的形成和人气的聚集。而且，在整改路段的同时还要移植路中间的植物草皮，提升景观品质，提供各类开旷的休闲活动空间，使“一街一景观，一路一特色”的城市理念成为必然。其次，沿街布局商铺特色店，打造 Z 市的第二条天台路。尤其将夜经济与文化特色相结合，在管理中“放大手，抓小手”，通过对商业环境的精细化管理与科学化引导，深度挖掘广场的地方特色和城市记忆点，并将夜景打造成独特的视觉盛宴，其灯光亮化必须满足夜间消费者的需求，比如广场周边主要道路采用全线照明，绿化草坪内点缀 LED 灯带，以形成富有层次感的夜景效果。广场利用环境优势留住烟火气儿，还可以为失业人员提供更多的就业机会，塑造具有视觉冲击力的广场风貌。

（三）充分利用丰富的资源优势

SF 区是 Z 市的工业“心脏”、H 省新型工业化标志性区域，更是新中国“电力机车的摇篮”和全国著名的冶炼化工基地。该区域集聚了工业资源、能源资源和人员资源优势。各种资源的相互融合，相互促进，可以

共同完善生活服务市场，在广场的特色建设方面，其独有的丰富资源可以避免与市商业中心市场雷同。比如，可以全面依托工业园，大力发展文化休闲及相关商贸零售产业，建设独一无二的轻工业批发市场，以工业文化来点缀各类商场；还可以顺应数字化时代的发展趋势，以高技术手段为载体，建立资讯发布、网上交易平台的现代化专业市场，打造特色鲜明的商贸市场，形成集文化特色、休闲娱乐、购物消费、参观鉴赏等为一体的商业模式，以此来吸引更多的用户体验、商户体验，使用户需求得到满足，商户效益得到提升。此外，利用好 SF 区的资源优势还可以为推进 XSL 广场商圈的新一轮发展奠定基石，使就业缺口越来越小。

通过这些措施，在一定程度上可以将 XSL 广场打造成为 Q 区商业中心，带动广场周边的房地产、楼宇经济升温，促进广场周边商场、餐饮、宾馆、广告、租赁、超市等服务业的快速发展，催生新的就业岗位，为 Q 区搬迁改造企业失业人员再就业乃至全市稳就业提供更多的岗位，使 Q 片区、SF 区的人气越来越旺，商气越来越浓，财气越来越火。

第三节　发展地摊经济，缓解就业压力

一、地摊经济源起

地摊经济，是指通过摆地摊获得收入来源，从而逐渐形成的一种经济形式。地摊经济可称为人类最原始的商业活动，最早可以追溯到欧洲。自中世纪晚期开始，法国的一些商贩就通过收购富人的旧衣服或其他用品在街上摆摊贩卖以维持生计，久而久之形成了“跳蚤市场”，成为欧洲各国人民日常生活重要的组成部分。

它繁荣了经济市场，弥补了老百姓购物的空白点。

其实不仅在欧洲，在我国古代，地摊的身影也屡见不鲜。在留存下来的美术作品中，我们经常可以看到古代“地摊”的身影，其中最出名的莫过于宋代张择端所绘的《清明上河图》。在“图”中，我们可以清晰地看到瓜果摊、饼摊等小吃摊位以及其他贩卖物品的摊位，而这些社会底层群体主要经济来源的“小摊”，也反映出宋代社会的生活风俗和城市面貌，是体现地摊经济文化的最好佐证。

在近代，“练摊儿”不仅仅是商品的交易方式，更是中国民间文化的重要组成部分。著名作家梁晓声先生的《练摊儿》，曾出现在高中课本里。文章详细描绘了北京“早市”的场景以及作者“练摊儿”的经历，不管是对于“练摊儿”的还是“逛摊儿”的，都是别样惬意滋味。

地摊经济具有商品交换功能，是最有生命力的经济形式之一，伴随着人类走过几个社会形态。随着第三次社会大分工的到来，无论在发达国家还是发展中国家，抑或是贫穷落后国家，地摊经济都会随科技进步与社会发展长久地存在下去。在受疫情冲击全球经济大萧条背景下，这种边缘经济形态对经济活动、社会生活有着特殊的价值。

二、地摊经济特点及优势

就业是最大的民生。今年，中央文明办宣布，2020 年文明城市测评考核内容将不再包括占道经营、马路市场与流动商贩。全国两会上，人大代表杨宝玲建议，在进一步加强规范城市管理的同时，因地制宜，释放“地摊经济”的最大活力。5 月 28 日，李克强总理在十三届全国人大三次会议闭幕后回答记者提问，对部分城市松绑“地摊经济”进行称赞；6 月 1 日，李克强总理在山东烟台考察时指出，地摊经济是“人间的烟火，是中国的生机”，是重要的就业岗位来源之一。

与其他商业模式相比，地摊经济具有“三低一多”的特点。首先，地摊创业的“门槛”低。摆摊不同于开店，无须购买或租用固定的商铺，更无须雇佣专业人士进行服务与运营，而且对于摊主的知识与学历也基本没有要求，人人皆可摆摊。其次，地摊失败的风险较低。因为无须投入大量资金，即使没有赚钱，也不会有较大的损失，对个人和家庭的影响相对较小。最后，地摊售卖商品和服务的价格较低，具有较强的竞争力。由于无须负担开店所支付的各项费用（如租金，人工费，水电费等），加之购进的商品大多为批发价，所以在面向消费者时价格较为低廉，利润空间较大。“一多”则指的是就业岗位多，其“三低”的特点吸引了大量的未就业人员及就业困难人员。对困难群体，推广“地摊经济”，可以显著增加他们的就业，充分突出“小摊点，大家庭”的特点。

（一）吸收就业

2020年是打赢脱贫攻坚战、实现全民奔小康的关键一年，所以我们更应该注重环卫工、建筑工人、菜农、小摊主以及拾荒者等底层群体的就业问题。为顺利实现“六保”与“六稳”，发展就业岗位创造能力较强的服务业势在必行。而地摊作为最简单的零售服务形态，具有极强的就业吸纳能力以及较低的行业准入门槛等特点，成为最简便的推进就业方式。据有关机构预测，在我国释放地摊经济至少可解决三四千万人的就业问题。失业者与就业困难者通过摆摊来改变生活条件，不仅可以养活自己和家人，更缓解了就业压力，为国家和政府减轻了负担。尤其在受新冠肺炎疫情冲击的大背景下，地摊经济是解决几千万无业群体就业与生存、渡过疫情难关的现实需要。

（二）满足多层次需求

不同人在各个方面存在较大差异，如收入水平、家庭环境、居住地点等，所以各个层级的消费者具有不同的消费水平。白领、高收入者在购物时往往会选择大型商场、网络平台、专卖店、连锁超市等高品质商店，而部分中老年人以及收入水平较低的群体则习惯于低消费，而地摊恰好可以在一定程度上满足这部分人群的购物需求。在调查中我们了解到，与传统的商超相比，对于相同的商品，40% 的消费者更倾向于在周边地摊购买，因为地摊的价格较低而且更方便购买，在买到心仪的商品的同时无形之中减轻了消费压力、降低了生活成本，因此，他们倾向于选择价格较低的地摊。所以，商品价格弹性较小的地摊商品经济适应了低收入群体的购买力和消费需求。

此外，地摊经营的产品形式多样，种类繁多，一条夜市上的各式摊位可以满足大部分消费者的基本需求。况且，与商场购物、网络购物相比，地摊是下沉式的综合市场，具有明显的差异；也是最“接地气”的商品交换“平台”，是社区零售业态不可或缺的组成部分；是最能满足民生需求的市场，是商业服务、市场层次的补充。

（三）推动经济增长

2020 年是极不平凡的一年，受新冠肺炎疫情的影响，全球经济下行风险不断提高，疫情对世界经济的巨大冲击仍在继续，形势不容乐观。10 月 13 日，国际货币基金组织（IMF）发布了最新版《世界经济展望报告》，预计 2020 年全球经济将萎缩 4.4%。中国虽然是全球唯一实现正增长的主要经济体，预期增长率将达到 1.9%，却依然面临全球经济下滑、国际局势变化等风险，国内经济恢复仍面临较大压力。

作为拉动 GDP 增长的三驾马车，投资、消费和出口的表现至关重要。但受疫情影响，今年 1 ~ 2 月，我国货物贸易进出口总值 4.12 万亿元，比去年同期下降 9.6%，出口受到较大限制。加之在全球禁严的大背景下，外国直接投资急剧减少，消费也普遍低迷，三驾马车瞬间“马失前蹄”。

2020年全国两会指出："扩大内需是疫后经济重建的首要任务，要将我国产能更多注入国内消费"，受疫情影响，部分商品价格上涨过快，物价在一定程度上有所提高，这也导致了消费水平下降，消费预期缩减。据有关调查显示，疫情期间，有五成的消费者表示日常消费有所减少，消费欲望也普遍下降。

在此背景下，地摊经济的复苏可以有效盘活消费与投资。作为一种低风险、回报可观的个人型小型投资，其售卖的低价快消品能有效吸引消费者，加快我国商品流转速度，有效促进内需消费，以此产生社会经济的良性循环，激发消费活力、提升我国的经济抗压能力，推动经济增长。

（四）缓解社会矛盾

在2020年5月28日的"两会"记者会上，李克强总理表示，目前我国约有6亿人口月收入不足1 000元。经济收入的巨大差距，导致了各个阶层民众的矛盾加剧，隔阂也愈发明显。比如农民工与城市写字楼白领之间，因地理位置、学历、工作内容等因素带来收入差距矛盾；再如城乡低收入群体与收入较高阶层在收入分配、资产拥有量方面的差距与矛盾，尤其在受疫情冲击全球经济下滑的当今，这些矛盾变得愈发明显。

对于生活艰苦的百姓而言，摆摊是一种刚需，是增加收入、维持生计最重要的渠道，也是用辛劳与付出换取回报最易行、最快捷的方式。新冠肺炎疫情冲击的首先是低收入者，造成极大影响的也是低收入群体，尤其是6亿月收入不足千元的民众。如何最大限度地降低疫情这只"黑天鹅"带来的影响，又如何帮助低收入群体顺利渡过难关？重新开启"地摊经济"或许是解决问题的方法之一。地摊经济不仅可以在一定程度上缓和以上矛盾，防止社会动荡，维护全社会稳定的局面，更有利于经济的恢复，起保障人民收入，保持社会平衡、稳定的作用。

（五）丰富城市文化结构

不管是居住区还是旅游胜地，地摊经济是作为一种特殊的街头文化而存在的，可以创造一种特殊的城市文化。对于城市来说，“享受高雅和大众口味”的文化结构可以为城市居民提供休闲和娱乐的自由场所，也是精神生活的需要。把一些非主流经济形式转换成丰富多彩的经济，可以改变传统观念并将劣势变成优势，并融入具有强烈情感的文化。有设计提炼和审美高度的地摊，可以让消费者更加赏心悦目，进而点亮城市文化软实力。

事实上，地摊经济并不仅仅是中国特色，在国外也广泛存在，颇具特色的如西班牙的马德里圣米格尔市场、荷兰的鹿特丹市场、英国的博罗市场、日本的东京筑地市场，都是点亮城市的靓丽风景线，每年都吸引无数游客前来游览。其中，西方发达国家的一些经验与做法也值得我们学习借鉴。比如美国食品类摊位的监管，纽约州对于各类流动餐车的管理较为严格，摊主不仅要学习相关的食品餐饮课程并通过相关考试，还要在有关部门填写备案，获得州卫生局的许可执照方可“上岗”。此外，在经营过程中还要接受卫生安全部门的有关检查，以确保产品的安全性。就日本地摊经济而言，日本政府出台了道路交通法、食品安全法和消防设施法等相关法律法规，并规定各类摊贩必须严格遵守，经过审批后才能合法经营。在日常经营中，摊主需要经过相关安全知识专业培训，获得营业许可证和消防许可证，持证上岗。

简而言之，地摊经济不仅在亚洲颇受欢迎，在欧美更是常态。通过将户外风景、休闲娱乐、购物与餐饮美食进行有机结合，给消费者带来了更愉悦的休闲体验，若组织管理得当，也是城市的亮丽风景线，久而久之就会转变为城市文化的一部分，推动城市更好地发展。

三、Z市地摊经济

2020年5月23日，时任市长在参加H省代表团分组会议审议政府工作报告时，讲述了Z市改造湘江边旧书摊的故事。在会议中他强调，必须坚持以人民为中心，城市管理决不能搞“一刀切”，要以科学治理促进群众乐业增收，引发与会人员共鸣。

为稳定现有就业、增加新就业、促进失业人员再就业，Z市政府出台了各项措施，积极拓宽就业渠道。2020年6月4日，Z市城管局发布《Z市城市管理和综合执法局常态化疫情防控形势下助力经济发展工作措施》（以下简称《措施》），规定了城市五区早点、早市、夜宵、夜市、小吃帮扶点、困难群众爱心服务店、菜农疏导点经营点和经营时间。《措施》允许有序占道经营、适当出店经营和适度占道促销，明确占道（出店）经营（促销）、马路市场、流动商贩不纳入市城市管理市容考核评价内容，放宽占道经营的约束，鼓励设点经营。《措施》结合Z市城市管理工作实际，通过放管结合等手段，因地制宜支持“地摊经济”释放活力。这些措施实施范围为Z市城区，有效期暂定至2020年12月31日。

到2020年年底为止，各区允许有序占道经营，并通过放管结合等手段，因地制宜地支持“地摊经济”发展。不过放开不等于放任，对没有经过相关部门允许而占道经营的行为，城管部门将严格规范管理。管理要求具体如下。

1. 摆摊人员有要求

公职人员、党员干部即使想业余时间摆摊创业，也要接受《公务员法》《中国共产党纪律处分条例》等党纪国法的约束，主动向组织报告，自觉接受监督，不得违规从事营利性工作。

2. 摆摊地点有规矩

与《措施》相配套的是，城管部门在各区设定了“摊贩定时疏导点”，严格按照“主干道严禁、次干道严控、街巷小区规范”的原则进行，不能影响市容环境和交通秩序，摊点要严格遵守“上岗”时间和其他要求，譬如要在画线区域内经营、要自觉做好门前三包、从事饮食类经营户本人要有健康证等。

3. 摆摊管理有纪律

《措施》强调坚持柔性执法，轻微违法酌情减轻或不予处罚。坚持审慎包容，一般违法行为不录入失信行为联合惩戒系统。但是，这不意味着放开管理，要建立健全摊贩准入和退出机制，在严抓教育引导、包容审慎监管的同时，对严重违反市容管理条例的行为也要坚持严格公正文明执法，杜绝“好经念歪”，守护好 Z 市来之不易的美好城市形象。

4. 摆摊行为有限制

《措施》明文规定，占道、出店、疏导区、示范点等不得油烟直排，不得现场宰杀畜禽和水产，不得乱扔乱倒垃圾，不得占用盲道和消防通道，不得占用城市绿地，不得损坏市政设施。严格管控扬尘污染，露天烧烤（夜宵）油烟污染，地面油渍和污渍污染，生活垃圾清扫保洁、收集运输和无害化处理。

5. 制度机制有落实

各区应及时建立健全或修订完善市容秩序分级分区管理制度、商贩摊主环境卫生和市容秩序责任区制度、市容秩序和环境卫生应急处置风险防控机制、群众投诉快速处置机制、环卫作业质量保证和投入保障机制、市民监督和舆论监督机制。

在《措施》的引导规范下，地摊经济稳步健康发展，为稳就业提供了有力支撑，成为“稳就业”“保就业”的一股新生力量。截至 2020 年 6

月底，Z 市 6 城区共有约 3 700 个摊位，摆摊者近 1 万人，形成规模大小不一的夜市数十个。其中，LS 区夜市虽不过三四百米，却持续活跃着来自五湖四海的摊主，一个钢架、两张木板就是一个摊位，这个 Z 市存在时间最久的夜市，承载了许多人的致富梦；小吃街则汇聚了颇具特色的全国各地名小吃，成为品尝 Z 市街头美食的首选之地，每天傍晚，长达半公里的夜市散发着阵阵香气，令人流连忘返；集市则成为探索地摊经济新样板的“试验田”，通过地摊、城市人文、公园及商业景观的有机结合，打造别样的城市地摊美学文化场域，不仅增加了更多的“烟火气”，更呈现了 Z 市这座移民城市的温暖底色。

其实，早在《措施》发布之前，Z 市各部门就已开始规范引导地摊经济发展，促进人民增收致富。以湘江边的旧书摊为例，每天傍晚，都能在湘江边看见胡师傅忙碌的身影。他骑着三轮车前来，将一本本年代不同、风格迥异的书籍摆放整齐，供图书爱好者挑选，这已经成为他每天必不可少的规定动作。胡师傅今年 49 岁，自下岗后开始自谋出路，因为平常喜欢看书，也十分爱惜书，于是便从别处收来旧书，经过挑选之后临街售卖，做起了卖旧书的生意。之前由于既没有固定摊位，也没有经营许可，不仅收入不稳定，还要躲避城管的检查，到处“打游击”。直到 2011 年，这种情况才有所改观，有几名同样爱书之人在湘江边共同建立旧书摊，他便也在此扎下根来。据了解，在此摆摊的摊主大多属于低收入群体，而且基本都是下岗职工，生活有一定困难，所以，小小的地摊对于他们来讲意义非凡。

对这些人的生意，是应该鼓励发展、规范引导？还是一味驱赶、一关了之？或者干脆放任不管？对此，市里专门召开过会议，并组织多个部门进行走访调研，开展协调工作。最终，在市领导的指示下，决定为旧书摊提供支持，鼓励发展。2017 年夏，市文旅广体局对旧书摊进行了一系列安排规划，建设安装了木座椅、遮阳雨棚、木栈道等相关设施，通过科学规划、安排与引导，帮助其取得长远发展。看似小小决策，却能让摆摊者安心经营、专心创业，也让数十个家庭从此有了依靠。“生意好的时候，一个月能挣三四千，比过去四处游窜、天天打游击的日子好多了”，胡师傅说。

Q 区搬迁改造企业失业人员是一个特殊的群体，文化水平低，参与问卷调查人员中，51.79% 的人员学历为高中及以下；年龄偏大、以 4 050 人员为主，40 岁以下的人员仅占 18.12%，40 岁以上的人员占比 81.88%，其中 40 ~ 50 岁占比 52.43%，50 岁以上的占比 29.45%；技能单一，以前在企业学会的管钳工、焊工、化学检验、机修工、仪表维修、化工操作等技能失业后无用武之地，城区及城郊范围没有冶炼化工企业，企业搬迁地较为偏僻，很多人不愿意离开工作、生活熟悉的地方，转移就业不理想；长期在冶炼化工企业工作导致身体状况差；上有老下有小，担负养家糊口的重担，还有的家庭夫妻双双失业；公益性岗位工作时间长、工作量大，工资低，到手工资只有 1 100 多元，不够养家糊口，很多人不愿意去。

现在企业用人单位招工对性别、年龄、学历都有要求，大多青睐于大中专院校毕业生，对搬迁改造企业失业人员不感兴趣，导致这些职工很难找到合适的工作，没了收入来源，生活陷入困境。地摊经济重现，可以解决部分群众的就业难题，更带来了无限商机和生机。尤其是文化程度低、年龄偏大、无法外出务工的企业失业人员和贫困家庭，可以通过摆摊销售农产品和手工制品、卖小吃等，实现在家门口创收增收。

在某小区门口，每天下午三点左右，隆女士便开始贩售冰粉与龟苓膏，直到晚九点才收摊回家。隆女士是退休职工，工龄 20 余年，但退休金仍达不到最低生活标准，早年与丈夫离婚，女儿在上大学，自己一人抚养至今。卖冰粉月收入大概两三千元，小小的地摊，却成为一个家庭不可或缺的经济支柱。据隆女士反映，自疫情以来，城管对于地摊的管理有所放宽，并给予一定的支持，但还应该继续放宽管理，给予更多空间。同样在该小区门口，王大叔摆摊卖水果已有二十余年，每天下午六点到十二点，风雨无阻，每晚利润大概六七十元。他表示，地摊越多经济越繁荣，越聚集人气，也是一种别样的风景线。至于地摊所带来的负面影响，如环境问题，他表示自己携带垃圾箱，每次摆摊结束时都会清理干净，同时他也号召其他摊主也做到随手清理垃圾，在自己致富的同时也方便他人，保持市容整洁。小小地摊，低成本、低门槛、低风险、流动性强、客流大，不仅成为千万家庭的重要经济来源，更为城乡居民提供了灵活就业、居家就业、解决生计问题的新路子。

四、如何促进地摊经济更好发展

1. 政府根据城市文化和产业布局，引导不同业态的“地摊经济”

政府有关部门通过引导，实现地摊与文创、娱乐、休闲与科技等新兴服务形式的融合，实现协同发展。比如，在人口密集居住点、商圈等人流量较大的场所，鼓励餐饮和零售服务；在城市中心区域则鼓励文化服务，如绘画、表演、快捷服务等；在“三站一场”（火车站、城轨站、客运汽车站与飞机场）则鼓励特色小吃、商旅服务等；而在旅游区或相关景点等地则鼓励文创产品售卖。通过有意识的差异化政策引导，打造出与当地特色相融合、与地方历史文化相对接、具有差异性的地摊文化品牌，并推进其与餐饮、旅游、文创等现代服务业融合发展，从而实现更高层次的产业升级。

就 Z 市而言，Z 市城管局发布了红头文件，支持街道（镇）设置“一街一策”临时便民集中疏导区，支持公园（小游园）管理机构设置创业就业集中示范点。Z 市各区因地制宜，划分相应的特色摊位规划点。这种因地制宜、充分发挥地方特色与优势的做法值得学习与推广。

2. 充分发展夜间经济，带动地摊经济发展

2020 年 6 月 15 日晚，时任市委书记调研夜间经济发展情况。他强调，要深入贯彻习近平总书记关于坚定实施扩大内需战略的重要指示精神，加快打造特色鲜明的 Z 市夜间经济品牌，促进消费回补和潜力释放。发展高效率的夜间经济，关键是推出一批夜间消费特色品牌，并构建高水平的夜市核心产业链。从目前来看，Z 市具有特色的消费品牌不多，且大多缺乏 Z 市本土文化内涵，还没有享誉全省乃至全国的特色餐饮、旅游、演艺品牌。

虽然缺乏知名品牌的助力推动，但 Z 市却拥有得天独厚的自然风光资源与底蕴深厚的人文内涵，可以加以利用。如 LS 区可以发展以服饰博览为主题的夜间经济；TY 区则以休闲娱乐为主题，推动文化休闲街建设，打造风格迥异、品种齐全、具有 Z 市特色的夜间经济。同时，应加强对“老字号”资源的挖掘和提炼，发挥湘江风光带的自然景观优势，并以中心广场等商业中心的集聚效应为契机，构建夜间经济集聚区，以夜间经济带动地摊发展。

在发展夜间经济的同时，也需注意配套保障设施的建设。市相关部门可建立投诉处理机制，并设置 24 小时夜间消费热线，保证消费者合法权益。同时，有关部门可面向大众发布夜间消费热力图，对消费者购物起到一定的引导作用，通过大数据等手段分析夜间消费热门区域，并加强执法人员巡查，强化这些区域的安全保障措施，保障群众的生命财产安全。也可通过延长热门区域公交线路夜间运营时间，加强夜间出租车、网约车的合理调配，增加充电桩和公共自行车、共享汽车的投放，增加区域地摊经济的覆盖范围，保障人民群众的便捷出行。

3. 建立摊贩“营业执照”制度，优化地摊经济管理

借鉴发达国家对地摊经济的管理经验，例如美国对各类地摊经济采取

“营业执照”管理模式，摆摊者若想在城市某区域摆摊，则先要向该区域的集市组织递交申请书，申请营业牌照。该区域集市组织收到申请书后需进行审查，核验申请者身份等信息，若符合相关要求则会在期限内反馈批准信和获批的摊位编号，并根据摊位的面积大小、位置区域、营业时间段收取一定的管理费。

就我国的实际情况来说，可以根据分级分类管理原则，由省市级政府制定流动摊贩登记表和登记证，由摊贩本人在互联网或到街道城管机构进行登记，登记事项只需姓名、身份证号、住所、联系电话、经营项目、营业社区即可，登记和登记证仅收取成本费。这样不仅可以有效规范摆摊者行为、便于城管部门管理，更可以保障消费者与摆摊者自身的合法权益，保障地摊经济健康发展。

4. 整合快递、物流、网络平台公司进行管理

通过大型专业公司进行统一管理，建立地摊业务的大数据大信息大物流平台，便于整合各种资源，让地摊经营者和居民消费者获得实惠，便于地摊的长期有序健康发展。同时在各领域内不断做深做细，形成产品特色、深入挖掘商品和服务的内涵。从长远来看，不断推动各类“地摊经济”与电子商务、互联网经济等新兴经济业态的大力融合，激发产品和服务的原创动力，为新时期我国经济发展提供新的活力，努力打造“地摊经济 2.0”版本。

第四节　培育新业态新模式，打开就业新空间

一、新业态新模式概述

近年来，互联网技术不断发展并趋于成熟，推动了新一轮科技革命和

产业变革，而这也促进了新兴消费的飞速发展。其中，以网络购物、移动支付为主的新业态新模式发展尤为迅速，对拉动经济持续增长、引领产业变革、满足居民日常生活需求起到了重要作用。在 2020 年 5 月 23 日召开的全国政协经济界联组会上，习近平总书记指出：“疫情突如其来，新就业形态也是突如其来。对此，我们要顺势而为，让其顺其自然、脱颖而出。”

“新业态”指的是基于互联网技术、嫁接信息等相关技术，企业内部价值链和外部产业链相融合，从而使不同行业跨界整合形成的新型企业至产业的组织形态。按主业态划分可将新业态分为三种，分别是以农业为主、以工业为主及以服务业为主的新业态。以农业为主的新业态既包括传统的畜牧业、种植业，也包括与高新技术相结合的生物农业、信息农业以及生态农业。以工业为主的新业态则包括工业互联网、工业大数据、工业设计服务、个性化服务等。以服务业为主的新业态则较为广泛，与人们的生活密切相关，既包括大数据、云计算、“互联网 + 购物”“互联网 + 医疗”“互联网 + 金融”等新业态，也包括平台经济、共享经济等。

而“新模式”则是一种颠覆性创新，在实现用户价值基础之上，以市场为中心，对企业经营的各种要素进行重组，提高企业竞争力，最终形成高效的商业运行模式。简而言之，新模式是制造业服务化需要的创新商业模式。

新模式主要包括五类，分别是新管理模式、新商业模式、新盈利模式、新投融资模式以及新生产制造模式。新管理模式特指互联网时代管理模式，包括自组织模式、共生型组织模式等。新商业模式是企业、顾客、渠道之间的各种连接方式和交易关系，比较常见的有平台营销、托管式加盟等。新盈利模式包括两种，一是如何从顾客方获利，如会员制、间接补贴获利。二是如何从供应方获利，比如组团采购等。新投融资模式则包含网络借贷、供应链融资、使用者付费等。新生产制造模式主要是指包括协同研发制造、计算机集成制造等与互联网有关的生产制造模式。

2020年，受新冠肺炎疫情的影响，传统的线下消费模式受到强烈冲击，以网上购物、直播电商、远程教育、在线办公为代表的新业态新模式异军突起，在逆势增长的同时有效助力了国内经济回稳向好，对保持经济持续健康发展起到不可或缺的作用。2020年8月，社会消费品零售总额首次实现年内正增长，其中新型消费的作用显著，加速促进了经济回暖。在国际政治环境严峻复杂、不确定性增加、世界经济持续低迷大背景下，积极发展壮大新业态新模式，多措并举推动经济高质量发展显得尤为重要。

二、新业态新模式“新优势”

2017年11月，习近平总书记在亚太经合组织工商领导人峰会发表的主旨演讲中指出：“新一轮科技和产业革命形成势头，数字经济、共享经济加速发展，新产业、新模式、新业态层出不穷，新的增长动能不断积聚。”2020年9月21日，国务院办公厅印发了《关于以新业态新模式引领新型消费加快发展的意见》（以下简称《意见》）。《意见》指出，要以习近平新时代中国特色社会主义思想为指导，全面贯彻党的十九大和十九届二中、三中、四中全会精神，坚定实施扩大内需战略，以新业态、新模式为引领，努力发展新型消费，推动形成以国内大循环为主体、国内国际双循环相互促进的新发展格局。

《意见》还指出，通过三到五年的发展，使新型消费的机制更加合理、体制更加完善。到2025年，通过政策支持等方式打造一批领先企业，并率先培育形成一批新型消费示范城市，显著提高网上实物商品零售额，新业态、新模式得到普及并趋于成熟。同时，《意见》在坚持目标导向和问题导向的基础上，从融合发展、政策支持、发展环境等方面提出了十五项针对性政策举措，在极大程度上促进了线上线下消费融合发展，有助于释放内需，更好地发挥对传统消费的带动作用。通过进一步发展壮大新业态新模式，释放经济发展的强劲动力。

（一）保障人民就业

2020 年 5 月 23 日，习近平总书记在看望参加政协会议的经济界委员时强调，做好“六稳”工作、落实“六保”任务至关重要。习近平总书记指出，要坚持就业优先战略，努力创造更多就业岗位，把解决人民群众就业问题放在突出位置，“大家有收入，家里就有了保障”。

《中国共享经济发展报告（2020）》显示，2019 年新业态、新模式下的平台员工已达到 623 万人，带动的相关就业人数已高达 7 800 万人，分别同比增长 4.2% 和 4%，极大程度上促进了群众就业。因具有弹性就业、自主就业、灵活用工等特点，共享经济下的服务提供者可以通过兼职获得收入，具有很强的灵活性。此外，由于共享平台具有包容性特点，社会弱势群体如残疾人也可以在一些领域获得就业机会，这对于保障人民生活、稳定就业有着积极意义。

中国人民大学劳动人事学院课题组指出，2016—2018 年我国快递从业人员增长迅速，人数已达到 300 万人。仅阿里巴巴旗下平台，在 2018 年就直接创造就业机会 1 558 万个，并带动 2 524 万个灵活就业岗位。2019 年，滴滴出行平台上下游共带动就业人数 1 360 万，2020 年上半年，滴滴新注册司机超过 150 万人，预计全年可新增 300 万个灵活就业岗位。这一系列数据极大程度上证明了网约车、快递、外卖等新业态、新模式带动就业的能力越来越强，新产业、新业态、新模式已然成为创造就业岗位、吸纳劳动力、保障人民就业的重要渠道。

（二）释放消费活力

2020 年 2 月，超三亿国人使用电脑、智能手机在线工作；上半年，全国电商直播场次已经超过千万；前 8 个月，商品线上零售额增长高达 15.8%。新模式、新业态的迅猛发展，释放出强劲的消费活力。

近年来，以人工智能为代表的互联网技术发展迅速，以智能手机为主的移动互联网更是深入千家万户。目前我国网民已超过八亿，其中 98% 使用移动互联网，近六亿人使用手机进行移动支付。支付方式的颠覆性改变也在极大程度上促进了线上零售业的发展壮大，强势驱动了消费升级。据商务部调查显示，2018 年全国线上零售额突破 9 万亿元大关，其中实物商品零售额为 7 万亿元，占比高达 78%。线上实物商品火爆销售的同时也拉动了社会消费品零售总额“更上一层楼”，对其增长的贡献率达到了 45.2%。2020 年的“双 11 电商节”更是打破纪录，仅在 11 月 1 日至 11 月 11 日 24 点这短短 11 天内，京东和天猫这两大主要电商平台的成交总额达到惊人的 7 697 亿元。线上直播带货“来势汹汹”“势头强劲”，不仅有效地刺激了消费，更传递出中国经济全面复苏的积极信号。

（三）创造新就业岗位

2020 年，在疫情的影响下，餐饮、旅游、交通等行业受到极大冲击，损失惨重，这也使我国的就业形势更加严峻，不容乐观。而新业态却逆势而为，在疫情期间发挥了独特作用。新业态催生新职业，新职业创造新就业，以“线上经济”为代表的新业态带来了新的机遇，为就业工作注入了“活水”。据人社部网站消息，人社部拟公布包括人工智能工程技术人员、无人机驾驶员、农业经理人在内的 15 个新职业，其中物联网工程技术人员、大数据工程技术人员、云计算工程技术人员、人工智能工程技术人员等职业都是新业态、新模式所直接创造的。

此外，线上与线下相融合的新业态新模式蓬勃发展，创造了很多新的职业，展现出强大活力。如互联网直播带货，不仅增加了产品销量，还带红了一批网络主播，而且直播带货这一模式更是直接衍生了选品师、直播编辑、直播销售员等许多新兴职业，给人们带来了巨大惊喜。再如电商巨头京东，近年来立足互联网，构建起多元化商业生态，创造了包括全球美食“寻鲜者”、电子竞技员、无人机飞服师、智能客服系统专家、农场品质安全官在内的两千多种前沿工作岗位。

不仅如此，各领域数字化进程明显加快，“线上线下”也加快融合。其中学校及有关教育培训机构将线下教学与线上教学相结合，为学生提供个性化、针对化服务；文旅、健身等行业纷纷提供“云展播”“云健身”等服务，丰富消费者需求；医疗行业则创新出“云问诊”，患者在家足不出户即可得到诊断。这一系列的结合不仅有效地支持了疫情防控工作，保障了人民群众的社会生活需求，更对接了产供销，直接或间接地创造了大量的新就业岗位。在传统行业受到疫情冲击的背景下，新业态新模式却不断显现其优势，成为创造新就业的重要力量。

（四）催生新型产业

迅猛发展的新业态不仅改造了传统的工作模式，更不断向未知世界“开疆拓土”，创造出一个又一个新兴产业。比如，自动驾驶技术引领智能汽车产业不断壮大，网络通信技术、传感器技术的成熟使智能家具走入千家万户，人工智能正在打开人类的巨大想象空间。又如，移动支付使人们的消费方式发生了根本性的改变；区块链技术的迅猛发展开创了新的商业应用场景；基于大数据的金融分析可以对客户进行风险画像，这一系列的事实告诉我们，现代金融正在被数字技术所重新塑造。

再比如，从外卖到电商购物，从共享单车到网络约车，平台经济的兴起为新产业的生长起到了催化作用。一方面，过去由于信息不发达造成的供需双方间信息不对称，已被互联网平台所打破。这可以将未被有效利用的资源和劳动力充分调动起来，从而提升服务供给能力。另一方面，平台经济也激发了人民群众潜在的生活服务需求。传统服务通过市场化转型，催生了代买、代跑腿等一系列增值服务，从而改变原来的家庭自足式业态。新业态、新模式在引爆新产业的同时，也带来了广阔的新市场与旺盛的新需求，成为缔造新变革的源头活水。

三、Z 市新业态新模式实施情况

2020 年 9 月 21 日，LK 区第二届创新创业人才集训营暨“直播带货”技能培训正式开营，区内企业、种养殖大户、新型职业农民、个体工商户等从事或计划从事直播电商的单位和个人共 150 余人参加。此次集训营为期 8 天，以直播电商助力农业新业态、新模式高速发展为主要内容，由业内权威专家为学员集中授课。集训营预计分两期，以实训为主，开设抖音短视频运营、直播带货技能培训、主播能力培训等精品课堂，采取小班制，通过“线下集训 + 小组 PK+ 实操演练 + 现场指导”等方式，为学员量身定制多层次培训。

LK 区委常委、组织部部长肖锦霞说：“酒香也怕巷子深，在全国直播电商蓬勃发展的大势下，要乘上‘网红经济’的快车，LK 区的名优特农产品就必须开拓网络营销新渠道，通过各大直播平台走出乡村、走向全国。”为深入实施乡村人才振兴行动和温暖企业行动，本次活动计划培训 100 名“直播带货”高素质人才，重点打造 10 个“直播带货”达人、5 家“直播 +”农业产业化企业和农村电子商务企业，目标带动 1 万农村人口就近就业，帮助 100 户农户、个体工商户实现户均年增收 5 000 元，为脱贫攻坚助力。

本次活动由 LK 区委组织部、区委宣传部牵头，区财政局、人社局、科工信局等有关部门联合协办，Z 市中小微企业窗口服务平台承办。后续，集训营还将开展直播带货比赛，通过海选预审方式，遴选出10位直播带货种子选手，并为他们提供“主播强化培训”。近年来，LK区积极开展“温暖企业”行动，聚集各种资源，为创业企业提供多元化服务，打造“培—辅—评—扶”的服务机制。建立“产学研”合作基地，依托高校的科研实力与人才优势，促进科研成果产业化，助力区域经济持续发展。

2020年9月25日，市工信局召开新闻发布会，发布了《Z市新兴优势产业链“四新”经济发展指南》（以下简称《指南》），引导各产业链顺应科技革命和产业革命趋势，抢先布局四新领域，为经济发展装上新引擎。《指南》分为新兴优势产业链和新兴业态两个部分，共展示了17个新兴优势产业链、8个新兴业态共计25个行业的内容，涵盖363项关键技术及系统、125项关键材料、721项核心产品、369项新模式新业态等，合计1 578项。

市工信局相关负责人表示：“《指南》体现了未来经济社会发展趋势和方向，具有较大的发展潜力，且紧跟最新行业发展动态及创业投资的最新市场热点、社会发展动态。”像《指南》紧扣疫情防控，提出了“无人配送”“无接触配送”“门到门”物流服务，城市共同配送模式等。同时将新业态、新模式与新产业、新技术相结合，根据最新模式进行交融，如5G+智慧天车远程集中操控系统、5G工业互联网制造车间智造系统、基于5G的AGV自动搬运系统等。此外，《指南》以消费者需求为核心，构建环状价值链，如利用北斗定位系统、地理信息系统、连续数据采集传感器等现代高新技术的精确农业、农业云服务、农产品营销、质量追溯信息系统等。

相关负责人表示，他们将根据《指南》策划编制一批前期项目，开展精准招商，加快引进培育“四新”项目和企业；研究制定新兴产业培育行动计划，支持企业围绕《指南》开展技术创新，助推科技成果转化落地。

四、Q 区发展新业态新模式的措施

线上零售、线上教育、线上娱乐、远程办公等，驱动生活服务业数字化提速，催生了以无接触服务等为代表的新业态、新模式，而新业态、新模式的发展创造了更多的就业岗位，其中不乏专业技术人员，但是更多的是以体力劳动为主，例如外卖骑手、直播主播、专车司机、快递员；就业形势非常灵活、有弹性，一个人可以身兼数职，上午开专车、下午送外卖、晚上代驾。Q 区搬迁改造企业失业人员大多文化水平不高，上有老下有小，很多人希望工作时间自由，既能照顾家庭又不耽误工作，通过发展新业态、新模式增加的岗位能够很好地解决这些问题。

（一）加强 Q 区失业人员技能培训

由于 Q 区搬迁改造企业失业人员文化水平普遍不高，失业前大多从事管钳工、焊工等体力劳动，学习能力、接受新生事物的能力差。

所以政府相关部门应该多做宣传引导，为 Q 区搬迁改造企业失业人员提供更加精准的就业指导，有针对性地鼓励相关人员从事快递、代驾、美团骑手等工作，通过灵活就业解决眼前的困境。同时也需对他们进行一些基本的培训，如下载 APP、网上支付、共享平台接单等，加大新兴职业的培训力度，不断完善人才培训体系，当好人民群众的“服务者”。而失业人员也应该充分发挥自身的主观能动性，不断学习技能，提升自身能力，才能在新业态、新模式下寻找到适合自己的岗位，从而提高生活质量，实现自我价值。

（二）建立健全劳动者保障制度

2020 年 9 月 29 日，北京市印发《北京市人力资源和社会保障局支持多渠道灵活就业实施办法》（以下简称《办法》）。《办法》提出，2020

年及以后毕业离校2年内的北京市高校毕业生，若初次就业为灵活就业，则享受最长不超过三年的灵活就业社保补贴。此外，自2021年1月起，个人委托存档的本市灵活就业人员（包括依托网络约车、电子商务、快递物流、网络送餐在内的新业态平台实现就业，但未与平台相关企业建立劳动关系的新就业形态人员），按照1%的费率缴纳失业保险费。《办法》进一步完善劳动保障、薪酬福利、权益保护等相关政策制度。

早在2017年4月，Z市人力资源和社会保障局与Z市财政局联合发布了《关于进一步做好灵活就业人员社会保险补贴工作的通知》，对Z市灵活就业人员进行社会保险补贴。补贴对象为Z市已申领《就业失业登记证》或《就业创业证》且被认定为就业困难对象的灵活就业人员以及灵活就业的离校1年内的高校毕业生。其中“4050”以上灵活就业人员基本养老保险、基本医疗保险分别按其当年实际缴费基数的12%、6%给予补贴。

特别值得注意的是，由于灵活就业人员与平台企业不是雇佣关系，而是合作关系，所以不能通过平台企业进行五险一金的缴纳。虽然国家已经出台了相关政策，保障灵活就业人员进行居民社保缴纳，但目前只包括医疗保险养老保险，且只能在其户籍所在地缴纳。因此，要尽快确保新业态从业人员可以缴纳工伤保险及失业保险，并打破户籍限制，可以在其工作地点进行缴纳。政府有关部门要把握新业态、新模式下的用工特点，明确工作时长、劳务纠纷、劳动报酬、工作安全等标准，并探索多雇主、跨平台灵活就业的社会保障、权益保障政策，切实保障劳动者的合法权益，力促新业态新模式健康发展。

（三）推进城市设施智慧化改造

《意见》指出，要健全政府社会协同共治机制，并与国家智慧城市试点建设相结合，构建政企数字供应链，以数据引领资金流、技术流、人才流、物资流充分涌流，有力支撑城市管理。同时促进形成政企多方参与、信息共享、高效联动的现代化治理体系，强化治理能力。

通过不断推进城市设施智慧化改造，持续提升城市数字化治理水平，可以在提升城市管理效率的基础上，增加新的就业岗位。Z 市自 2018 年 11 月开始实施“智慧停车”，对城区道路停车收费，截至目前，全市共有近 2 000 个停车泊位，目前 TY 区、LS 区、HT 区都设有道路停车泊位，只有 SF 区、JK 区没设。按照市委、市政府的统一部署安排，Z 市城市公用事业经营有限公司负责收费工作，公司面向 Q 区搬迁企业、社区及城郊广泛发布招聘公告，通过精心培训和严格考试，共录用了 150 多名巡管员，其中安置 40 岁、50 岁的中年人员再就业占比超过 80%。

事实上，SF 区的停车泊位很少，“一个车位难求”的现象屡见不鲜，沿街的商铺多次呼吁设置停车泊位，避免吃碗米粉因找不到车位临时停放被罚款的风险。另外据走访调查，了解到巡管员月工资大概 4 000 多元，这对于下岗再就业人员来说是一笔可观的收入。推进城市设施智慧化改造不仅可以实现精细化和动态管理，有效提高市民的生活质量，更可以解决部分人的就业问题，缓解就业压力。

（四）积极培育新个体

《意见》明确指出，要给人民群众提供多样化的就业机会，进一步降低个体经营者线上的创业成本与就业成本。“新个体经济”的主要特征是基于平台流量赋能、技术赋能与场景赋能，并通过后台为前端的个性化产品与相关服务提供强劲支持。而这恰好打破了传统的“公司 + 雇员”生产模式，取而代之的是更加便捷、自由的“平台 + 个人”模式。这种模式由于门槛较低更易被广大劳动者所接受，既为群众就业提供了多元化的就业选择，也为新业态、新模式打开了新路径。

所以，相关部门应鼓励发展，制定相关政策降低个体经营者使用互联网平台涉及的交易服务费，并鼓励商业银行扩展信贷服务，将线上与线下信贷相融合，进一步降低个体工商户融资成本。对在网络平台开展经营活动的经营者，免除其线下登记注册，使用网络经营场所进行登记，以吸引更多经营者线上创业经营。

此外也要大力发展“微经济”，支持电商、网络直播、微商等多样化自主就业，同时提倡分时就业，鼓励“副业创新”，激发各类主体的创造活力，为其注入创新动力，从而打造副业创业、兼职就业等多种形式共同发展的新就业格局。

第六章　加强政府公共就业服务能力，精准发力完成再就业目标

第一节　建立横向生态补偿机制，实行再就业对口帮扶

一、横向生态补偿

（一）生态补偿

生态补偿是以保护和可持续利用生态系统服务为目的，以经济手段为主调节相关者利益关系，促进补偿活动、调动生态保护积极性的各种规则、激励和协调的制度安排。本质上说，生态补偿就是让生态环境受益者承担相应的费用，从而使生态环境保护者得到补偿减轻负担，充分体现“谁受益谁负担”的原则，激励生态环境保护者并使生态资本增值。

生态补偿按照补偿者与受偿者的行政隶属关系不同，分为纵向生态补偿和横向生态补偿。纵向生态补偿指的是补偿者与受偿者具有行政隶属关系，例如省级政府对所属范围内市区县等给予的生态补偿。横向生态补偿指的是补偿者与受偿者不具有行政隶属关系，例如省与省之间、市与市之

间、县区与县区之间的生态补偿。

（二）横向生态补偿

横向生态补偿作为生态补偿两种方式的其中一种方式，以保护生态环境、促进人与自然和谐发展为目的，通过采用公共政策手段或市场化手段，调节不具有行政隶属关系生态保护区与受益区的区域间利益关系的制度安排。横向生态补偿制度是为实行横向生态补偿，对补偿主体、补偿对象、补偿标准、补偿方式等内容建立的一系列经济、法律以及行政手段的总和。

（三）横向生态补偿的特点

横向生态补偿补偿方和受偿方的生态相关性非常密切，生态利益关系十分明确。对于难以确定生态受益主体的，通常由国家或上级政府实行纵向生态补偿。对于流域的上下游之间、资源开发地与资源消费地等生态利益关系明确的，则只能通过公共政策手段或市场化手段实行横向生态补偿。横向生态补偿的主体、对象多是跨省、跨市或跨县区，受偿方与补偿方没有行政隶属关系，相互之间既可以是同属一级政府相同层级的关系，也可以是不属同一级政府但层级相同的关系，还可以是不同层级的关系。

（四）横向生态补偿的意义

建立生态补偿制度是确保生态功能区建设的需要。生态区群众的发展权与非生态区群众的发展权是平等的。国家为追求宏观上的经济、社会和生态效益的最大化，规划了不同的功能区，并分别制定了相应的优化开发、重点开发、限制开发、禁止开发的政策。保证功能区规划落到实处，需要设计相应的生态补偿制度。如果没有生态补偿制度安排，限制开发、禁止开发区域就会选择“博弈”行为，导致“限、禁”失效。

建立科学的生态补偿制度可以约束生态环境消费。生态环境的容量有限，生态环境消费无度会损害生态环境。建立科学的生态补偿制度，对生态环境过度消费征费，以作生态补偿之资，让生态环境消费者的消费成本内部化、制度化、刚性化，能够有效约束生态环境消费者对生态环境的过度消费。

建立科学的生态补偿制度可以激励生态环境保护行为。建立科学的生态补偿制度可以让生态环境保护的收益内部化，使保护者得到补偿与激励，实现生态环境保护行为的自觉、自愿、自利，可持续地坚持下去。建立生态环境保护的长效机制，还可以增强生态产品的生产和供给能力。

（五）横向生态补偿的原则

明确补偿主体。“谁开发、谁保护，谁破坏、谁恢复，谁受益、谁补偿，谁污染、谁付费”中的“谁”，可以是国家、地方政府、企业和个人，有时还可能涉及多个主体，情形比较复杂。应因事制宜，明确特定的补偿责任主体，多个主体则应量化责任。

落实受益主体。“谁受损、谁受益”。应落实受益主体。目前存在补偿利益虚化、未补偿到真正受损者的问题。对此，有多个受损主体的，应量化其利益；有多个受损方面的，应全面覆盖受损的各个方面。

补偿标准体系化。生态环境受损后的影响是多方面的，影响的利益主体是多元的。现在的补偿是一个简单的经济总量，且一般按“人头”分配，掩盖了受损主体的差异性。补偿标准应按社会、经济、生态分类，细化为一个指标体系，再按差异性补偿给当地政府、企业和个人等主体，并规定用于社会重建、经济发展和生态修复。

补偿模式多样化。现行的补偿模式以政府财政转移支付为主，辅以一次性补偿、对口支援、专项资金资助和税赋减免等。应坚持多样化模式，同时避免模式选择的随意性、补偿额的随意性。应制定实施细则，规范补偿模式的选择和实施。

（六）横向生态补偿的实践

我国东部地区的省份，如辽宁、山东、浙江、江苏、福建、广东等省份经济比较发达，已在行政辖区内的流域开展了流域生态补偿工作。如辽宁省于2008年出台并实施了《辽宁省跨行政区域河流出市断面水质目标考核暂行办法》，以地级市为单位，对主要河流出市断面水质进行考核，水质超过目标值的，上游地区将给予下游地区补偿资金。浙江在全省流域实施生态补偿政策和机制试点，福建在省辖区、市辖区的3个流域的上下游实施生态补偿机制试点等。2020年4月，财政部、生态环境部、水利部、国家林草局研究制定了《支持引导黄河全流域建立横向生态补偿机制试点实施方案》，要求沿黄河流域九省区积极主动开展合作，强化沟通协调，尽快就各方权责、跨省界水质水量考核目标、补偿措施、保障机制等达成一致意见，推动邻近省（区）加快建立起多元化横向生态补偿机制，实现黄河流域生态环境治理体系和治理能力进一步完善和提升，使绿水青山真正变为金山银山，让黄河成为造福人民的“幸福河”。

二、对口支援

（一）对口支援的含义

对口支援是在中国特定政治生态中产生、发展并不断完善，具有中国特色的政策模式，是由上级政府主要是中央政府主导，经济发达或实力较强的地区对经济欠发达地区、重大建设工程项目地区以及特殊困难地区实施的政治、经济、文教科卫等援助的一种政策性行为，目的在于缩小地区与地区之间的差距，促进经济发展共同富裕，增强民族团结，保持国家的政治稳定。它是社会主义集中力量办大事制度优越性和协作精神的体现，是地区、部门以及行业间开展合作交流的有效形式。财政学研究者将对口支援纳入财政体制框架进行论证，认为对口支援本质上是中国式的横向转移支付，具有较为显著的横向财政转移支付的特征。

（二）对口支援的实践和发展

1979 年 4 月召开的全国边防工作会议正式提出对口支援政策之后，对口支援经历了初创、探索、深化三个阶段，在实践中不断发展和完善，形成了形式多样、内容丰富、领域宽广的网状格局。

1. 初创阶段

1979 年到 1991 年，对口支援先后以政府文件、政策、法律的方式确定，北京、四川等部分省、自治区、直辖市对口支援西藏以及少数民族地区，由国家民委、国家计委、国务院生产办负责组织领导，支援领域以教育科技医疗为主。

2. 探索阶段

1991 年到 2010 年，对口支援的内容、方式以及领域都发生了变化。对口支援的领域开始涉及重大工程、突发性公共卫生事件、自然灾害等，对口支援的范围由少数民族地区扩大到中西部不发达地区和资源枯竭型城市，对口支援更多地关注受援地区的可持续性发展。1992 年，国家颁发通知，要求各地在技术、信息、市场、就业、项目等方面对口支援三峡库区移民工作；2017 年 11 月，第十一届全国对口支援三峡工程重庆库区经贸洽谈会在重庆万州区举行。中共重庆市委常委、政法委书记，重庆市政府副市长刘强在会上表示，自 1992 年以来，全国各省市区累计对口支援重庆三峡库区 1 250 亿元。除了对口支援资金外，25 年来，中国各省市区累计向三峡库区引入合作项目 1 731 个。1998 年，国家要求相关省份对发生特大洪涝灾害遭受损失的地区开展物资支援、教育支援、医疗卫生支援。2001 年，国家要求各地对口支援资源枯竭城市，提供资金支持，同时帮助受援地区产业转型和产业结构升级。2008 年，汶川特大地震灾害发生后，按照“一省帮一重灾县”的原则，北京、广东、山东、浙江等 18 个省市迅速行动，奔赴四川灾区，在短短几年的时间里，帮助当地干部群众在废墟上顽强奋起、重建家园。在全国脱贫攻坚的主战场，既有东西部扶贫协作给予贫困地区人力、财力、物力上的支持，也有各级机关、企事业单位的对口帮扶、倾心援助，书写下最成功的脱贫故事。

3. 深化阶段

2010 年至今，智力和产业支援的力度增大，成为对口支援的重点工作。对口支援更关注双方的共同利益，强调双方的互惠互利。这一时期，国家面对重大自然灾害的对口支援逐渐完善，对新疆的支援规模迅速扩大，对资源枯竭型地区的支援也有进一步的提高。2020 年年初，突如其来的新冠肺炎疫情打乱了全国人民的生活节奏，人民的生命安全和身体健康面临严重威胁。面对突如其来的新冠肺炎疫情，以习近平同志为核心的党中央迅速启动 19 个省区市对口支援除武汉以外的 16 个市州应对新冠肺炎疫情工作机制，此外，北京、上海、吉林、河南、四川、安徽等其余省市以及陆军、空军、海军均派出医疗队全力支援武汉。坚持全国一盘棋，充分发挥集中力量办大事、办难事、办急事的中国特色社会主义制度独特优势。以一省包一市的方式，全力支持湖北省加强病人的救治工作，最优秀的人员、最急需的资源、最先进的设备千里驰援，在最短的时间内实现了医疗资源和物资供应从紧缺向动态平衡的跨越式提升。19 个省区市为湖北应对新冠肺炎疫情提供援助，缓解湖北省医护力量、医疗物质短缺的局面，全力提高收治率、治愈率，降低感染率、病死率。建立对口支援机制，通过划定“责任田”“一对一”提供援助的方式，有力缓解当地医疗资源紧缺的局面，凝聚战胜疫情的强大合力。

三、Q 老工业区搬迁改造为生态环境改善作出的贡献

Z 市曾是全国首批重点建设的 8 个工业城市之一，但长期“高消耗、高排放、高污染”的粗放式发展模式，让 Z 市欠下一本生态账。环境污染问题十分突出，“原来车间里到处都是灰尘，涂料的气味也特别大”“以前这里水流过的地方寸草不生，稻谷、蔬菜种到土里，没几天就枯了”“气味常刺鼻，天空雾蒙蒙”“空气污染最严重的时候，家里都不敢开窗户”，Q 老工业区企业职工、生活在 Q 区的居民、Z 市市民、Z 市环保志愿者如是说。在污染高峰期，Q 区排放的汞、砷、铅、镉等重金属污染物分别占湘江干流接纳量的 90%、50%、30% 和 25%，直接影响长株潭等地区的饮水安全。“既要金山银山，更要绿水青山”。60 多年来，Q 区企业做出了重大贡献，同时，Q 区的环境容量已经不堪重负，灰天、黑地、污水的代价是沉重的。痛定思痛，必须给“牺牲环境换取发展”的做法亮红灯、踩刹车。“必须以壮士断腕的勇气和决心，宁愿牺牲 GDP 的增长速度，也要换来碧水蓝天。”带着使命，凝聚共识，市委市政府决策者决定，不留后路，义无反顾，毕其功于一役，全面关停搬迁 Q 老工业区企业。

看似简单的关停搬迁，其背后站着无数职工、无数家庭，攸关企业生存、社会稳定，何其艰难。有企业说，不想搬。100 多家企业一次性全部关停搬迁，体制不一，情况复杂，存在市场流失、违约赔偿等现实风险，而更多的是历史遗留问题繁多，处理稍有不慎，积累的深层次矛盾就可能集中爆发。有职工说，不愿搬。生于斯长于斯，对企业而言，Q 区故土难离。有退休职工冲到厂里兴师问罪：“当年我们从五湖四海聚到一起，挥洒青春，用扁担和肩膀把厂子挑出来，到了你们手里，却一关了之？”有部门说，不能搬。Q 区是工业骄傲，为 Z 市发展做出了不可磨灭的贡献，整体关停搬迁，200 个亿的 GDP 哪里来？经济出现踉跄、下滑，怎么办？

老工业区企业整体关停搬迁，也没有可复制的经验。Z 市在探索中前行，在 2013 年至 2016 年关停 94 家污染企业的基础上，2017 年一鼓作气关停企业 147 家，2018 年又一举关停一批大型企业，实现 Q 老工业区所有企业关停搬迁目标，实现老旧产能全面退出。成功退出重金属污染重点防控区，区域环境质量明显改善。空气质量方面，2018 年空气优良天数达到 288 天，市区空气优良天数比 2013 年的 214 天增加了 74 天；居民群众对 Q 区异味投诉量大幅减少；Q 工业区二氧化硫减排 23 543.65 吨，占全市 64.6%，氮氧化物减排 5 390.14 吨，占全市 20.8%。水质方面，湘江水质霞湾断面稳定达标，湘江霞湾段水质由Ⅲ类提升到Ⅱ类；如今霞湾港一港清水、清澈见底、两岸碧绿。减排方面，减少工业废水排放量 2 567.4 万吨，占全市 27.5%，减排化学需氧量 2 078.25 吨，占全市 46.2%，氨氮 468 吨，占全市 76%。重金属治理方面，Q 工业区共减排砷 1 068.77 千克，减排铅 2 488.72 千克，减排镉 437.5 千克，减排汞 113.62 千克。Q 老工业区通过“伤筋动骨”换来了“脱胎换骨”，省政府已将 Q 工业区退出 H 省重金属污染重点防控区。湘江 Z 市段水质由 2013 年的劣Ⅲ类提升到Ⅱ类以上，全市空气优良天数增加了两个半月。Z 市先后成功创建全国卫生城市、全国文明城市、国家森林城市、全国水生态文明城市。2020 年成功创建“中国绿水青山典范城市”，实现了从传统工业城市到以现代工业文明为特征的生态宜居城市的华丽蝶变。对 Q 区搬迁改造工作所取得的成效，国家和省委、省政府给予了充分肯定，2019 年 2 月 22 日，全省的湘江保护和治理委员会 2019 年第一次全体会议在 Q 区召开，杜家毫书记给予了高度评价；4 月 9 日中央政治局委员、全国人大常委会副委员长王晨视察 Q 区时，也给予高度评价。Q 区生态环境明显改善，人民群众获得感明显提升。受益的不仅仅是 SF 区，TY 区、LS 区、HT 区、JK 区都是受益者。这些成绩的取得，SF 区政府、Q 区搬迁改造企业、企业员工付出了代价，做出了牺牲。

四、Q 区搬迁改造失业人员再就业存在的困难

Q 老工业区搬迁改造企业有劳动能力有就业意愿的职工数量多。Q 老工业区搬迁改造项目是全国最大的搬迁改造项目，涉及企业 153 家，参与改制职工共计 2.86 万人，有就业需求的职工达 14 235 人。其中 5 家大型企业参与改制职工 12 104 人，其中解除劳动合同、提前退休、内部退养等有就业需求国有身份职工 9 617 人。这些职工以前大多是在同一个单位，相互之间用 QQ、微信群沟通交流，居住相对集中，离职后联系也密切，个体的困难、负面的情绪也容易蔓延，出现问题处理难度增大，如果不及时处理或处理不好，更容易引发群体事件，造成严重的社会问题。

Q 区搬迁改造企业失业人员年龄偏大、学历偏低、技能单一再就业能力差；多是家里的顶梁柱，肩负养家糊口的重任，再就业意愿强烈；以前作为单位人，企业效益好，福利待遇好，再就业期望值高；因为生态环境改善、产业转型升级被动离职，所以再就业找工作对政府的依赖性强；在失业后找不到工作生活陷入困境时，很容易产生不满情绪。Q 区搬迁改造企业失业人员这些个体特点，导致他们很难找到合适的工作，或者找到工作又主动失业，再就业困难。

Q 区搬迁改造企业失业人员整体上数量多，个体上再就业能力差，再就业困难，再加上 2020 年年初突如其来的新冠肺炎疫情的叠加影响，疫情期间，企业无法按期复工复产，受疫情影响的企业特别是餐饮旅游等服务企业，必然会减少用工人数，甚至裁员，给就业带来很多困难和不利影响，就业形势恶化，这些情况导致 Q 区搬迁改造企业失业人员整体再就业率不够理想、再就业质量不高。本课题组以五家大型企业劳动年龄内解除劳动合同、提前退休、内部退养有就业需求的职工为调查对象，调查数据显示 Q 区搬迁改造企业失业人员再就业率为 78.8%，其中多数为短期临时

就业状态，调查对象中有较稳定工作的仅占 21.36%，处于打零工状态的高达 51.13%，选择自主创业更是少之又少（仅占 6.31%），下岗后从未工作的比例高达 21.2%。以上述数据推算，五家大型企业失业人员有较稳定工作的只有 2 054 人，打零工、从未工作的 7 562 人；Q 区搬迁改造企业失业人员有较稳定工作的 3 040 人，打零工、从未工作的 11 195 人。Q 区搬迁改造企业失业人员再就业形势严峻，任务非常艰巨。

五、实行再就业区级对口帮扶

2020 年 11 月 14 日，习近平总书记在全面推动长江经济带发展座谈会上指出，要加快建立生态产品价值实现机制，让保护修复生态环境获得合理回报，让破坏生态环境付出相应代价。Q 区生态环境明显改善，人民群众获得感、幸福感明显提升。这些成绩的取得，SF 区政府、Q 区搬迁改造企业、企业员工付出了代价，做出了牺牲。作为公共产品或公共服务，生态环境具有显著的跨区域性，既有全国属性，又具有鲜明的地域属性。全国性的生态服务理所当然应由中央政府财政支出来解决，而具有地域属性的生态服务应该由区域内所有受益者共同承担。Q 区企业搬迁改造，生态环境明显改善，受益的不仅仅是 SF 区，TY 区、LS 区、HT 区、JK 区都是受益者。按照“谁受益谁补偿”的原则，城市其他区域有责任分担 SF 区付出的成本负担。搬迁改造企业失业人员的再就业问题事关 Q 老工业区的转型成败，事关成千上万个家庭的幸福和社会的稳定。Q 区搬迁改造企业失业人员再就业形势严峻，任务非常艰巨，单靠 SF 区以及人社部门一己之力很难及时做好困难人员的再就业工作。一方有难八方支援，我们要充分发挥我国社会主义制度集中力量办大事、办难事、办急事的优势，针对 SF 区遇到的困难、面临的难题，实行 Q 区搬迁改造企业失业人员再就业区级对口帮扶，TY 区、LS 区、HT 区、JK 区都来帮忙，心往一处想、劲往一处使，凝聚起帮扶就业的强大合力。

实行Q区搬迁改造企业失业人员再就业区级对口帮扶，以一区包一两个企业的方式，全力支持Q区搬迁改造企业失业人员再就业。

实行对口支援机制，通过划定“责任田”“一对一”提供援助的方式，必将有力缓解Q区搬迁改造企业失业人员再就业难的局面，凝聚就业帮扶的强大合力。建立对口支援机制，要在市委市政府的统一领导、统一指挥、统一调度下，坚持全市一盘棋的细化措施，充分调动各方积极性，把集中力量办大事的制度优势充分发挥出来。集中力量办大事，正是我们国家制度和国家治理体系的显著优势，也是我们成就事业的重要法宝。

建立对口支援制度，能为SF区解决燃眉之急，但对于援助区来说，意味着要把本区域的稳就业保民生工作做好、做扎实的同时，以更大力度、投入更多的人力、财力、物力支援Q区搬迁改造企业。客观来说，在当前的就业形势下，这对任何一个区来说都不是一件轻松的事情。援助区政府要充分发扬“一方有难、八方支援”的守望相助精神，并把这种精神进一步转化为落实对口支援要求的行动，不讲价钱、全力以赴，迅速出台援助方案、迅速动员力量、迅速帮扶失业人员，解民生之困。

Q区搬迁改造企业失业人员再就业区级对口帮扶要坚持精准帮扶。首先要通过科学有效的程序将就业困难人员、困难家庭识别出来，根据事先确定的标准，将帮扶对象分为一般帮扶对象和重点帮扶对象，分类施策。其次是精准帮扶。针对一般帮扶对象，在做好岗位信息归集提供和职业技能培训提高失业人员就业能力的基础上，推送岗位实现就业。对重点帮扶对象要确定帮扶责任人和帮扶措施，建立定期联系和分级分类服务制度。发动辖区内企事业单位力量，根据单位大小规模和性质，每一个单位负责5～10个重点帮扶对象，鼓励提供一定数量的保洁、物业等岗位，让就业困难人员直接就业。然后要精准管理。建立后期帮扶跟进机制，落实责任人，并进行 2 ~ 3 年的跟踪，继续帮助解决工作生活中的困难，直至其持续发展，实现稳定就业。

第二节　优化就业服务平台，推进再就业精准帮扶

一、习近平总书记精准方法论

党的十八大以来，习近平总书记多次强调党员干部要培养精准思维、精准开展工作。《习近平谈治国理政》第三卷多次提及“精准”。其中，第五个专题《决胜全面建成小康社会，决战脱贫攻坚》，几乎篇篇强调“精准”。习近平总书记指出，脱贫攻坚，精准是要义。他要求领导干部扶贫脱贫要坚持“六个精准”，解决好扶持谁、谁来扶、怎么扶、如何退问题，不搞大水漫灌，不搞“手榴弹炸跳蚤”，因村因户因人施策，对症下药、精准滴灌、靶向治疗，扶贫扶到点上扶到根上。

精准扶贫，是粗放扶贫的对称，是指针对不同贫困区域环境、不同贫困农户状况，运用科学有效的程序对扶贫对象实施精确识别、精确帮扶、精确管理的治贫方式。2013 年 11 月，习近平总书记到湖南省湘西州花垣县十八洞村考察，首次做出了“实事求是、因地制宜、分类指导、精准扶贫”的重要指示。2014 年 1 月，中共中央办公厅详细规划了精准扶贫工作模式的顶层设计，推动了“精准扶贫”思想落地。2014 年 3 月，习近平总书记参加两会代表团审议，强调要实施精准扶贫，瞄准扶贫对象，进行重点施策，进一步阐释了精准扶贫理念。2015 年 6 月，习近平总书记在贵州考察时，提出扶贫开发工作“六个精准”的基本要求，即扶持对象精准、项目安排精准、资金使用精准、措施到户精准、因村派人精准、脱贫成效精准。“六个精准”的提出，为精准扶贫指明了努力的方向。并提出扶

贫开发“贵在精准，重在精准，成败之举在于精准”，“精准扶贫”成为各界热议的关键词。

此后，“精准”成为脱贫攻坚的重要方法论之一。从2015年到2020年，习近平总书记就打赢脱贫攻坚战召开了7个专题会议，次次提及“精准”。两会会场，“精准”也是习近平总书记提及脱贫攻坚的高频词。

精准，是一种科学的思维方法，更是一种务实的工作方法。精准，是习近平治国理政一以贯之的工作方法之一。习近平总书记多次强调，要从细节处着手，养成习惯。

对于脱贫攻坚，习近平总书记强调“尽锐出战、精准施策”“聚焦精准发力、攻克坚中之坚”“做到六个精准”。对于深化改革，习近平总书记要求“对准焦距，找准穴位”“对准瓶颈和短板、精准对焦”“加强分类指导、注重精准施策”。对于社会治理，习近平总书记提出“推进政府决策科学化、社会治理精细化”“城市管理应该像绣花一样精细”“做好就业工作，一定要精准发力”。对于创新驱动，习近平总书记强调“瞄准世界科技前沿领域”“选准突破口”。谈工作作风，习近平总书记要求“要从细处着手、养成习惯”“对准焦距、找准穴位”。谈干部队伍，习近平总书记强调“识人要准”“开展精准化的培训”。习近平总书记的精准方法论，广泛运用于脱贫攻坚、深化改革、社会治理、干部队伍、党的建设等各个领域，贯穿于习近平治国理政的方方面面。

二、Q区搬迁改造企业职工安置情况

2017年以来，Z市委市政府、SF区政府、街道、社区等各级政府以及政府职能部门特别是市人社局，以习近平总书记关于以人民为中心的思想为统领，认真贯彻落实省市各项指示要求，切实做好Q区搬迁改造企业职工安置工作，千方百计地维护Q区搬迁改造企业职工的切身利益，做了大量的工作，取得了较好的成效。截至 2019 年年底，Q 老工业区搬迁改造企业所涉及的 2.86 万名各类企业职工政策性安置基本到位。

1. 提高政治站位

市人社局局党组高度重视 Q 老工业区搬迁改造企业职工安置工作。局党组会多次听取 Q 老工业区搬迁改造企业职工安置工作情况汇报，局党组书记、局长多次在党组会上及时传达、落实省市领导有关批示，多次带队赴 SF 区指导、调度 Q 老工业区搬迁改造企业职工安置工作。建立了工作机构，成立了由局长任组长的 Q 老工业区搬迁改造职工安置工作领导小组，明确一名副局长具体抓，局内 12 个相关业务部门参与，选派一名机关科长常驻一线督导协调。实行“一季一调度”，进行业务指导，及时解决政策落实中的困难和问题。只要出现职工上访问题，都是第一时间赶到现场、研究解决。通过发放调查表、实地走访等措施，广泛调查摸底，翔实掌握了企业和人员状况。Q 老工业区高峰期有各类企业 261 家，2017 年在册 153 家，其中，国有大中型企业有五家。涉及企业职工 2.86 万人（含退休、劳务派遣、劳务外包人员），其中国有企业 2.36 万人（含退休、劳务派遣、劳务外包人员），非公企业 0.5 万人。由于大部分职工年龄偏大（特别是“4050”占比重），且从事的行业主要是冶炼、化工行业，技能单一，再就业门路窄，职工安置难度极大，稍有不慎，就会引发群访等涉稳事件。

2. 争取上级支持

为争取上级支持，局党组书记、局长多次向市有关领导汇报，同时，将相关情况向省人社厅汇报。统筹研究，认真测算，将 Q 老工业区包括非公企业在内的中小企业纳入整体测算，以市政府的名义先后四次向省政府起草、呈报了《关于对 Z 市 Q 老工业区搬迁改造企业职工安置工作给予政策支持的请示》，并根据实际情况和国家政策调整情况，适时请求省政府对 Z 市给予资源枯竭矿山职工安置政策和上一轮省属国企破产职工安置政策、对职工安置工作进行奖补、对养老保险实行挂账等政策支持。经多次与省人社厅等部门汇报协调，虽然省上一轮国企改革政策已终止，加上国家出台了钢铁煤炭行业去产能职工安置政策（其核心是要对企业职工实行内部退养，不能采取提前退休等措施将企业职工直接推向社会成为不稳定因素），还是争取执行了资源枯竭矿山职工安置政策，实现挂账 9.5 亿元，享受到提前退休政策。

3. 妥善安置职工

为妥善解决职工往哪里去的问题，市人社局分门别类，多方开辟渠道，依法指导，用足政策，确保职工就业安置有路径。一是政策安置，争取搭上了上一轮国企改革政策笼子最后一班车，1 500 多人办理了提前退休。其他中央省属企业都按照国家规定采用了内退内养的办法，解决了 5 000 多人的后顾之忧。二是转移就业，鼓励搬迁企业优先使用原企业的员工。企业转移转型、易地发展，原企业的高层管理、技术骨干等转移就业 2 000 多人。三是经济补偿安置。以《劳动合同法》为框架，坚持“依法依规、一企一策”，以职工利益最大化为目标，指导企业依法解除劳动合同，1 万余名解除劳动关系人员都拿到了经济补偿金。四是社会化管理。协助国有企业做好离退休人员社会化管理服务工作，留足统筹外企业补助等相关费用，实现由“单位人”向“社会人”转变，1 万多名企业离退休人员平稳移交社区。Q 区搬迁改造企业劳动关系整体和谐稳定。

4. 努力促进再就业

Q 区搬迁改造选择的路径主要是破产清算、关闭、搬迁转型等形式。即使是搬迁改造企业，从已经搬迁的企业来看，职工随搬迁企业就业的愿望不高，受冶炼、化工行业局限，多数成为失业人员。聚焦失业人员再就业，通过提供资金、政策帮扶，确保失业人员收入有源、就业有岗、培训有门、创业有路。一是足额安排专项帮扶资金。充分发挥就业资金的杠杆作用，预算安排5 000万元用于Q区搬迁改造失业人员再就业帮扶，实现“精准投放”。二是出台再就业帮扶政策。配合出台《Q老工业区搬迁改造企业失业人员再就业帮扶实施办法》，对失业人员给予“个性化”帮扶，提供技能培训补贴、创业培训补贴、社保缴费补贴、自主创业补贴、创业担保贷款、岗位补贴以及失业保险待遇。三是制订系列帮扶措施。深入企业搜集岗位信息，利用微信、QQ等平台向失业人员发布；近年来，委托某职业技术学院等培训学校（机构），举办了近20批10 000多人次参加的再就业政策培训，以及面点师、电工、焊工、钳工、家政服务、养老护理员和育婴员等再就业订单培训，提升了失业人员再就业技能；共举办30多场招聘会，为失业人员重新上岗牵线搭桥；在招聘公益性岗位、网格管理员时对困难失业人员予以优先照顾。指导SF区专门成立了“Q区企业职工档案中心”，修建了近400平方米、可容纳15万册职工档案的标准化档案管理库房。近几年来，共有1万余名搬迁改造企业失业人员通过帮扶实现再就业。帮扶部分失业人员通过自主创业成了老板。

三、Q区搬迁改造企业失业人员再就业帮扶存在的问题

课题组调查数据显示，Q区搬迁改造企业失业人员再就业率为78.8%，其中多数为短期临时就业状态，调查对象中有较稳定工作的仅占21.36%，处于打零工状态的高达51.13%，选择自主创业更是少之又少（仅占6.31%），下岗后从未工作的比例高达21.2%。客观上说，需要安置的职工数量多，年龄偏大，技能单一，就业能力差，就业困难，有的职工高不成低不就，有的职工就业了又主动或被动失业，情况复杂；再加上突如其来新冠肺炎疫情的叠加影响。主观上来说，各级政府及职能部门更多地关注采取了什么措施、做了什么工作，比如成立了领导小组、出台了帮扶政策、安排了专项经费、举办了培训班、举行了招聘会、搜集发布了岗位信息。但在具

体工作中却存在“谁是就业困难户”“就业困难原因是什么”“怎么针对性帮扶”“帮扶效果又怎样”等不确定问题。没有建立统一的帮扶信息系统，对于具体就业困难户的帮扶工作就存在许多盲点，真正的一些就业困难户和困难家庭没有得到帮扶。对Q区搬迁改造企业失业人员再就业渠道问卷调查结果显示，原企业推荐、原企业内部转岗、政府安置、政府或劳务市场协助分别为2.91%、4.05%、8.58%、12.3%，合计为27.84%，而家人朋友介绍、自己通过招聘广告寻找占比33.82%、37.86%，合计为71.68%，显示政府举办的招聘会效果不明显。虽然人社部门、区政府、街道、社区做了大量工作，但基本都停留在表面上，原企业处于应付状态，缺乏点对点精准帮扶。表面上看，这样粗放帮扶是工作方法存在问题，实质反映的是干部的群众观念和执政理念的大问题，不可小觑。

现行的Q区搬迁改造企业失业人员再就业帮扶制度设计存在缺陷，不少措施粗放“漫灌”，犹如“手榴弹炸跳蚤”，针对性不强。以失业人员职业技能培训为例，文件规定参加职业技能培训、职业技能鉴定并给予补贴的对象必须是解除劳动合同人员，那些提前退休、内部退养，尚有劳动能力有就业意愿、想参加职业技能培训提高就业能力的人员，却被拒之门外。在走访时我们了解到有一户家庭，男主人患有痛风，解除劳动合同后一直没找到稳定的工作，目前在建筑工地打零工；女主人内部退养，每个月领1 100元的工资，患有颈椎腰椎病，想做事却找不到合适的工作，并且小孩读高二。像他们这种情况，最应该得到有针对性、效果好的就业帮扶，但我们了解到无论是社区还是原来的企业，对他们没有任何的帮扶措施。之前举办的Q片区失业人员技能培训班，刚开班时热火朝天、人潮鼎沸，但是培训几天之后只剩下寥寥数人，现在回想对比起来，主要是培训举办者没有了解失业人员的就业需求，没有对接企业用工需求，没有考虑到学员在吃、住、行、学等方面的具体情况和实际困难。

四、推进再就业精准帮扶

精准扶贫是新时期党和国家扶贫工作的精髓和亮点。面对新时期精准扶贫的新情况、新挑战、新要求，以往的粗放式就业帮扶渐显乏力，很难从根本上解除搬迁改造企业失业人员的后顾之忧。就业是最大的民生，在民生问题中，困难群体往往有更多更强烈的诉求，因此需要给予更多的关注和帮扶，就业帮扶，不能落下一个贫困家庭，丢下一个贫困群众。这就要求我们必须坚定地走精准帮扶就业之路，原有的就业帮扶体制机制必须修补和完善，就业帮扶必须有“深度”“精准度”，做到精准帮扶，同时更要有“温度”，多做雪中送炭的事，千万不能只想着做面子工程、形象工程。精准就业帮扶，指根据失业人员的自身特点、再就业能力、再就业意愿等，运用科学有效程序实施的对象精准、目标精准、帮扶责任人精准、措施精准、帮扶成效精准的一种就业帮扶方式。

1. 精准识别，这是精准帮扶就业的前提

Q 区搬迁改造企业解除劳动合同人员、提前退休人员、内部退养人员从原企业出来后，年轻学历高、有技能、就业能力强、愿意到外地工作的都已就业，剩下的都是年龄偏大、学历低、技能单一、就业能力差，帮扶难度大，但又需要养家糊口就业意愿强烈的对象，属于“最难啃的骨头”。通过有效、合规的程序，把就业困难人员、困难家庭识别出来，开展进社区入户的就业状况调查和建档立卡工作。一是由对口帮扶区政府安排专人、原企业人事部门配合，通过到小区到户上门打电话等方式对企业解除劳动合同人员、提前退休人员进行一对一、点对点的普查，摸清解除劳动合同提前退休人员的性别、年龄、学历技能、目前工作状态、个人收入情况、培训意愿、是否愿意就业、是否愿意外出就业等个人基本情况，以及家庭情况，建立实名制精准就业帮扶信息库。二是由 SF 区社区网格员上门入户调查，对辖区内劳动年龄内、有劳动能力、有就业要求、处于失业状态的城乡劳动者进行全面的信息采集管理，及时推进网格化管理，规范信息采集录入，确保网格走访巡查全覆盖。彻底摸清各家各户的“家底”，摸清全区劳动力的资源状况、就业情况、就业意向、培训意愿等基本情况，建立实名制台账，做到底数清、情况明，确保不漏一户、不漏一人。三是确定帮扶对象。对上述两种途径采集到的各类数据信息进行智能化汇总和分析，将有就业意愿、有劳动能力的失业人员甄选出来，按照规定的项目诸如年龄、性别、学历、技能、是否愿意参加职业技能培训、期待月收入、是否愿意接受公益性托底岗位、家庭成员学习工作状态等信息建立帮扶台账。根据确定的标准，将失业人员分为重点帮扶对象和一般帮扶对象。将家庭经济困难、夫妻双双失业、父母子女均失业的零就业家庭以及就业困难户列为重点帮扶对象，实行精准帮扶。确保分类施策，帮扶对象精准、帮扶措施到位、帮扶成效精准。

2. 精准帮扶，这是精准帮扶就业的关键

针对一般帮扶对象采取的措施，首先要加强岗位信息归集提供。跟踪走访辖区内招商引资重大项目、重大工程、重点企业，召开用工的企业座谈会，深入了解掌握企业用工的现状和需求，在统一的就业服务平台发布招聘信息；政府投资项目产生的岗位信息、各方面开发的公益性岗位信息，在本单位网站和统一的就业服务平台公开发布，为失业人员提供更多、更全的全市岗位招聘信息；主动与沿海经济发达城市对接，动态搜集当地的用工、招工信息，为劳务输出转移就业提供基础信息。健全统一的就业服务发布平台，实现岗位信息在线发布、归口管理。其次是强化技能培训。深化与第三方就业服务机构的合作，在全面掌握Q区搬迁改造企业失业人员具体情况的基础上，认真落实职业培训政策和鉴定政策，精准对接就业需求和企业用工需求，积极开展就业精准帮扶技能培训，开办焊工、电工、家政服务、酒店管理服务、养老护理员等多种类型的职业技能培训班，提高失业人员职业技能水平，增强就业能力。

在做好岗位信息归集提供和职业技能培训提高失业人员就业能力的基础上，推送岗位实现就业。一是搬迁企业带走一批。鼓励搬迁企业优先使用原企业的员工，这样于企业、于职工都有好处，因为这些职工有熟练的技能，熟悉企业情况，如果企业另聘新员工，需要对新员工重新培训，短期内很难适应岗位。企业转移转型、易地发展，原企业的高层管理、技术骨干等转移就业 2 000 多人。二是劳务输出转移一批。主动与上海、福建、广东、浙江、江苏等经济发达地区对接，动态了解掌握当地用工情况，统筹做好就业岗位筛选、就业信息发布、就业岗位招聘等服务，定期组织开展劳务输送活动，举办劳务对接招聘会，搭建外出务工人员就业平台。三是举办专场招聘会安排一批。针对再就业困难人员、用工企业信息不对称的问题，举办“精准就业帮扶专场招聘会”，组织用工企业入场，为失业人员和用工企业搭建面对面对接平台。在 Q 区关停企业失业人员就业难的同时，SF 区通过招商引资，加快发展，先后引进几十家轨道交通配套企业，这些企业招工难、留人难的现象也比较突出。举办招聘会能够很好地解决因为信息不对称导致的摩擦性失业。四是鼓励灵活就业消化一批。线上零售远程办公等驱动生活服务业数字化提速，催生了以无接触服务等为代表的新业态、新模式，创造了就业形势非常灵活、有弹性的就业岗位，例如外卖骑手、直播主播、专车司机、快递员等。Q 区搬迁改造企业失业人员大多文化水平不高，上有老下有小，很多人希望工作时间自由，既能照顾家庭又不耽误工作，通过发展新业态、新模式增加的岗位能够很好地解决这些问题。政府部门应该多做宣传引导培训，鼓励失业人员从事快递、美团骑手、代驾等灵活就业。五是实施公益性岗位托底一批。梳理开发一批城镇公共管理和社会公共服务的公益性岗位，用于安置就业困难人员，重点安排大龄失业人员和零就业家庭人员。优先安置贫困劳动力，按规定给予公益性岗位补贴和社会保险补贴。Z 市自 2018 年 11 月开始对城区主要道路实施停车收费，按照市委、市政府的统一部署安排，Z 市城市公用事业经营有限公司负责实施道路临时停车泊位收费工作。为了解决部分企业下岗职工、城郊失地农民、社区未就业人员的就业难题，缓解社会压力，公司面向 Q 区搬迁改造企业、社区及城郊广泛发布招聘公告，通过精心培训和严格考试，共录用了 150 多名巡管员，其中安置 40 岁、50 岁的中年人员再就业占比超过 80%。巡管员上两天班休息一天，或每天上 11 个小时两个人轮班，月收入 4 000 多元。48 岁的肖师傅在企业搬迁后下岗了。2019 年 3 月，他成为一名巡管员。肖师傅说，以他这样的年龄求职很不容易，在这里不仅解决了就业的问题，还有幸参与到了城市的管理之中。

就业困难人员、困难家庭等重点帮扶对象识别出来以后，针对重点帮扶对象的贫困情况确定责任人和帮扶措施，建立定期联系和分级分类服务制度，每月至少进行 1 次跟踪调查，定期提供职业介绍、职业指导、提供就业援助，确保帮扶效果。逐户逐人落实帮扶责任人，责任人要上门入户、因人施策；分析掌握家庭困难，就业困难的原因；帮助改变“等靠要”思想，树立正确的就业观；分析研判就业形势，确定个人就业方向；联系职业技能培训，增强就业能力；搜集就业信息、精准推送就业岗位，不能朝九晚五进单位上班的，引导从事快递、代驾、零工、家政等灵活就业，或者摆地摊、淘宝开店，甚至到周边租用农田从事葡萄草莓种植，落实严格的责任制，做到帮扶对象不就业、不脱钩。强化兜底保障，畅通失业保险金申领渠道，保障失业人员基本生活，放宽申领期限和条件，确保失业人员相关待遇应发尽发、及时发放。目前失业金的领取条件非常严苛，很多下岗职工处于失业状态却无法领取失业金。问卷调查显示，Q 区搬迁改造企业下岗职工中有 33.2% 的职工由于种种原因并未领取过失业金。对符合条件的生活困难下岗失业人员，发放临时生活补助。对生活困难的失业人员及家庭，按规定纳入最低生活保障、临时救助等社会救助范围。

3. 精准管理，这是精准帮扶就业的保证

要建立就业困难人员的信息网络系统，将帮扶对象的基本资料、动态情况录入系统，实施动态管理。对就业困难人员实行一人一个帮扶主体，点对点帮扶、面对面交流，既有“精准度”更有“温度”，一人一本台账一套帮扶措施，做到“一把钥匙开一把锁”，确保帮扶到最需要扶持的群众。年终根据帮扶对象发展实际，对帮扶对象进行调整，使稳定就业的及时退出，使应该帮扶的对象及时纳入，帮扶对象有进有出。建立后期帮扶跟进机制，通过精准帮扶和攻坚克难，可以在较短时间内解决现有失业人员的就业问题，但由于这部分人尤其是重点帮扶对象就业能力差、发展基础脆弱，如果没有相应的配套措施做保障，一旦出现意外情况，一部分人又将重新失业陷入困境，因此要建立就业后期帮扶机制，失业人员就业后，要落实责任人进行 2 ~ 3 年的跟踪，继续帮助解决工作生活中的困难，直至其持续发展，实现稳定就业。开展考核问效，检查帮扶责任人履职情况和帮扶对象的就业情况。

第三节　精准开展再就业培训，提高失业人员再就业能力

一、再就业培训概述

（一）再就业培训相关概念

再就业培训是指对失业人员进行的从事职业所必需的职业指导、职业技能、职业道德和职业纪律的培训。再就业培训是帮助劳动者提高再就业

能力，从而尽快实现再就业的重要措施。

（二）再就业培训形式

再就业培训形式有三种，分别为短期培训、中期培训和长期培训。短期培训期限一般在三个月内，培训对象主要是维持正常生活较为困难的群体，他们的再就业愿望十分迫切，通过短时间的培训可以掌握一定的技能，尽快实现就业。中期培训的培训期一般在一年以内，培训对象主要是企业富余人员和即将下岗的职工。这部分职工由于没有较大的生活压力，可以选择有一定难度、实用性较强且社会需求量大的技能培训，如电工、电焊、机修等。长期培训的培训期在一年以上，对象主要是为取得职业资格证书或学历证书而参加系统培训的青壮年。

（三）再就业培训的重要意义

1. 提升失业人员职业素养

目前，我国失业人员年纪大多在四十至六十岁之间，由于受教育程度不高、学习能力有限，这些人员往往很难依靠自身提升知识技能素养，无法达到企业的用工要求。所以，要对失业人员进行再就业培训，帮助他们不断提高自身能力与职业素养，适应企业需求。

2. 促进失业人员再就业

随着经济的不断发展，企业生产经营活动日益复杂，许多岗位的专业能力要求也越来越高，这就需要失业人员不断提高自身能力，适应企业需求。因此，对于失业人员来说，通过再就业培训来提升自身职业技术迫在眉睫，只有提升自身能力，才可以更好地适应企业发展的需要，实现再就业。

3. 为企业发展提供人才

由于长时间的工作积累，失业人员大多有着丰富的工作经验，并具备良好的工作心态与较强的适应能力。虽然他们因多种因素被企业淘汰，如专业能力的欠缺、年龄偏大等，但一旦经过完善的再就业培训，掌握符合企业发展的专业知识技能后，这些失业人员可以为企业的持续发展提供强大动力。因此，再就业培训可以为企业提供符合要求的人才，对企业的健康发展有着重要意义。

二、Q 区下岗职工再就业影响因素

开展再就业培训，有利于进一步提高就业工作的效果。影响 Q 区搬迁改造企业失业人员再就业的主要原因有两点：一是就业观念比较陈旧，与当前的就业形势和市场就业要求不符合。一些失业人员的就业期望值过高，对工作挑三拣四，总想去工作环境比较舒适、收入较高的单位就业，不仅看不上散工、家政、保安、保洁、保险等传统职业，对于新业态、新模式催生的带货主播、美团骑手、快递员、代驾等自主灵活就业形式也充耳不闻。

二是 Q 区搬迁改造企业失业人员年龄偏大、受教育程度低。当今时代正处于百年未有之变局，随着对外经济的不断开放与以互联网为代表的新兴产业迅速崛起，焊工、钳工等传统技术工作江河日下。平台经济、共享经济等新模式风起云涌，更多“新就业形态”不断落地，新职业的“新”更重要的是体现在社会对职业的新要求上，这也给下岗失业人员带来了一系列挑战。

Q 区搬迁改造企业失业人员往往没有一技傍身，技术更新速度慢，跟不上时代发展的脚步，不能适应再就业的需要，有些人尽管以前在企业从事焊工、钳工、质检等技术工作，有一技之长，但失业后很难找到技术对口的工作，也需要更新技术。就业形势越来越严峻，要想置身其中，适应再就业的需要，则必须通过学习培训，以适应新职业的新挑战。

授人以鱼不如授人以渔，与其提供推送就业信息，更关键的是要对失业人员进行再就业培训。不但要帮助他们改变思想、树立正确的就业观，更要努力提高他们的职业技能和创业能力，提高就业能力，这对于促进失业人员实现再就业具有重要作用。

三、Q 区下岗职工再就业培训情况调查

组织职业技能培训，关键是先做好摸底调查。有关部门应开展培训供求情况的调查，掌握失业人员的数量、素质状况和就业意向，并建立失业人员培训需求档案。此外，还需充分了解本地区社会生产发展和市场对劳动者技能的需求情况，了解各类职业培训机构的培训条件、专业设置和培训能力。

据此，我们设计了 Q 区搬迁改造企业失业人员职业技能培训问卷（以下简称“问卷”），并对 618 名下岗员工进行抽样调查。在调查中发现，这些员工受教育程度普遍不高，大多为高中、中专以及大专，其中高中或中专为 225 人，占比 36.41%，大专为 208 人，占比 33.66%。被调查员工期望从事管理岗位占比最多，为 36.08%，其次是技术工和操作工，分别占比为 19.74% 和 18.61%，技术人员和老板随后，分别为 15.7% 和 9.22%。根据调查显示，只有 164 人参加过职业技能培训，仅占参与问卷调查人数的 26.54%；有 360 人表示没机会参加，占比 58.25%，也就意味着有一半以上的人想参加职业技能培训却没机会参加。可见失业人员普遍受教育程度低，且大多没机会参加职业技能培训，不但无法与期望的岗位相匹配，更无法很好融入当今严峻的就业形势、获得满意的收入。

有 521 人填写了“对培训内容是否满意”“培训对找工作是否有帮助”的问题，回答满意的仅占 11.13%，基本满意占比 49.33%，不满意占比 39.54%；只有 23.8% 的人回答对找工作有帮助，50.48% 的人回答对找工作帮助不大，25.72% 的人回答对找工作没有帮助。另外，根据“目前的再就业培训最需要改善的地方”问题调查，有 36.25% 的人认为培训课程

和内容对就业帮助不大，31.39% 的人则认为培训机会不多。由此可见，被调查员工对于培训内容的满意度不高，大部分认为参加的培训对其找工作帮助不大，而且培训机会较少，无法切合失业人员的实际需要。

关于“最希望参加哪方面的再就业培训”，被调查员工更倾向于企业针对性用工培训，占比为 32.2%。其实，Q 区关停企业失业人员就业难的同时，园区企业也同样面临招工难的问题。部分企业反映，特别是电工、焊工、钳工、车工等技术工种招人问题十分突出，再加之近两年举办的相关失业人员再就业技能培训班，主要以社会家政服务类为主，导致南辕北辙。究其原因，主要是供需对接不够精细精准，没有根据企业的实际需要进行针对性用工培训，造成失业人员培训与企业用工需求脱节。

四、积极开展再就业培训，提高失业人员的就业能力

开展再就业职业技能培训，首先要建立失业人员职业指导制度，帮助他们认清就业形势，更新就业观念，树立自主就业意识。为他们提供职业需求信息、介绍求职方法，指导他们制定个人再就业计划。技能培训的具体实施，既可在职业培训机构中开设专门的职业指导课，由职业指导人员深入基层提供咨询服务，也可采取让再就业成功者介绍经验或组织巡回演讲等多种形式。为达到更好的培训效果，提高 Q 区搬迁改造企业失业人员再就业能力，现提出以下几点措施。

（一）增加培训机会，加大宣传力度

“问卷”结果显示，69.74% 的被调查员工对政府的再就业帮扶政策不太了解，27.51% 的被调查员工大概了解，而只有 2.43% 的被调查员工熟悉帮扶政策，加之有 58.25% 的被采访者表示没有机会参加培训。据此，政府职能部门应该加大再就业帮扶政策与职业技能培训的宣传力度，让更多

的下岗职工了解到再就业职业技能培训的存在。同时要改变只允许解除劳动合同人员参加、提前退养人员不能参加的规定，确保应培尽培、“奉培到底”，让更多人有参加职业技能培训的机会。

（二）完善再就业培训形式，提高培训的针对性

在再就业培训工作中，要改变职业技能培训现有模式，牢固树立培训为就业的服务观念。并以市场为导向，把提高职业技能和市场需求相结合，将社会需要作为培训专业的设置先导。除了开展如面点师、电工、焊工、钳工、家政服务、养老护理员和育婴员等传统职业技能培训，还可以根据新业态、新模式，举办一些实用的、符合新的市场需要的培训，如下载APP、网上结算、共享平台接单、车辆驾驶等，促进失业人员向美团骑手、快递员、代驾、淘宝店主、微商电商等新职业转变。通过开设新的课程，丰富失业、转岗人员的选择，并给予学员更多选择的空间来进行自身综合能力的培养，这样才真正形成以就业引导培训、培训促进就业的工作格局，让参与职业技能培训的失业人员有所收获，提高失业人员的满意度，促进其就业。

此外，再就业培训单位应坚持课程与企业实际用工情况相符合的原则，在设计培训内容前与相关企业进行对接，深入企业了解用工需求，明确企业真正需要的人才。这样才可以有针对性地进行用工培训，使培训内容贴合实际，真正提高培训失业人员的就业能力，达到培训的目的。

（三）结合失业人员实际，开展精准培训

要组织有关部门开展培训供求情况的调查，掌握下岗职工的数量、素质状况和就业意向，结合失业人员的实际情况，针对不同性别、不同年龄、不同文化程度、不同就业意愿的对象开展精准培训，突出培训的针对性和实效性。同时要建立下岗职工培训需求档案，培训时间要根据培训对象的

实际情况灵活安排，考虑有些失业人员白天要打零工，必要时也可以安排在晚上。培训一般以短期和以掌握实际操作技能培训为主，使失业人员较快地提高再就业技能。

培训完成后，职业技能鉴定机构应根据相关培训内容对其进行考核，考核合格者可以按规定颁发培训结业证书。取得职业资格证书或培训结业证书的下岗职工，职业介绍机构可根据其所学专业技能，纳入劳动力市场信息库，为其办理劳动人事档案存放，并尽快与用人单位进行沟通，优先推荐就业。

（四）健全与再就业培训相配套的就业措施

根据劳动力市场和失业人员再就业的需要，相关部门应建立健全与再就业培训相配套的就业措施，促进失业人员再就业，具体措施应包括以下几点。

1. 提高培训单位的培训效率

相关培训机构人员要通过不断学习，提高专业素养，从源头保证培训效果。同时要加强对本地区就业市场的信息采集工作，掌握最新的市场就业以及职位信息，熟悉各部门的招聘规律，提升培训效率。

2. 建立完善的再就业培训内容体系与培养制度

在培训过程中，不仅要建立科学的培养体系，重视失业人员在职业技能方面的培训，更要帮助失业人员转变观念，接受新职业以丰富其就业面。此外，也要重视失业人员在经历失业这一人生低谷之后职业信心的培养，给予更多的鼓励与支持，帮助他们积极地面对新工作。

3. 加强培训相关基础设施建设的投入

一方面，政府应对再就业培训单位提供更多的财政支持与政策支持，增加财政补助保障其高效运转。同时要保证失业人员能够享受到失业补贴，并适当增加失业人员的补贴及福利，使其没有后顾之忧，更放心地进行再就业技能培训。另一方面，也需要更多的社会力量加入其中，社会各界的广泛支持，可以更好地推动再就业培训单位基础设施建设。

4. 转变企业用人观念，提供良好的就业环境

“问卷”结果显示，被调查员工认为再就业过程中所面临的主要困难是年龄问题，男性因年龄偏大遭到用工单位歧视的占比高达 79.7%，女性则为 73.97%。因此，政府需要与相关企业进行沟通，转变企业用人观念，帮助失业人员解决年龄偏大遭歧视问题。这能够在一定程度上解决下岗失业人员的再就业问题，提高就业率。

第四节　充分发挥搬迁改造企业作用，为再就业牵线搭桥

一、搬迁改造企业为失业人员再就业所做的工作

五家大型企业是 Q 老工业区搬迁改造项目的重点，这些企业促进其改制职工再就业的主要举措有以下几种。

成立相关管理和服务机构，强化了职工安置和再就业问题的组织领导。各企业高度重视，均成立了由主要领导挂帅、人事部门为主体的专门班子负责职工的分流、安置和再就业问题。多数企业还成立了法律事务中心和职工再就业服务中心，在广泛征求职工意见的基础上形成了职工再就业安置方案，最后交职代会通过后实施，整个过程具有较强的组织保障。

严格对标国家规定，落实了职工安置和再就业问题的优惠政策。例如，有关协议解除劳动合同的补偿标准、提前退休或内部退养的优惠时限、领

取失业保险金问题、“4050”职工交社保时的补贴问题等，均在企业和社区的有力配合下得到了全面贯彻。

创新工作形式，建立了线上线下联络协调机制。各企业均建有职工再就业 QQ 群、微信群等，通过网络渠道收集职工诉求和发布用工信息，弥补了线下交流可能出现的疏漏。同时，各企业还积极反馈员工需求，通过和市、区人社部门联系，组织下岗职工参加了多次专场招聘会。

重视再就业培训，主动与政府相关职能部门对接。各企业根据职工的实际情况，和市、区人社局及市总工会等共同组织实施了育婴师、面包师、电工和焊工等培训，在人员管理、场地安排和培训费补贴等方面做了大量工作。如培训费除了人社局给的政策补贴外，多数公司进行了托底，保证了参加培训人员全免费。

挖掘内部安置潜力，积极引导职工转岗就业。异地搬迁改造企业采取了有效措施引导职工转岗，不仅符合条件的职工都可到搬迁后的新企业再上岗，并且还发放异地交通补贴，或通过与总公司沟通协调，也分流了部分员工到其他分公司上班。此外，其他企业也都在留守部门返聘了少量员工来处理后续问题。

协调职工住房的拆迁改造，努力改善职工的生活环境。原企业积极助力相应拆迁住房的下岗职工，使其领到了 50 万元左右的拆迁款而脱离了生活困境。

二、Q 区搬迁改造企业再就业工作存在的问题

五家大型企业的职工在企业关停搬转后，或退休，或提前退休，或内退，或解除劳动合同，表面上看退休每个月都能领到退休金，解除劳动合同的也领到了不少补偿金，与原企业与政府都没有关系，都得到妥善安排。但是除了正常到龄退休，工作能力不强，可以颐养天年，内退、提前退休、

解除劳动合同的员工多达 9 783 人，这些人都没到退休年龄，大都是家里的顶梁柱，是家里的重要经济来源，还有工作能力，况且内退、提前退休的生活费不高，还不能满足生活的需要，解除劳动合同领的补偿金有限，不能坐吃山空，因此都有就业工作获取劳动报酬养家糊口的需求。这些职工一辈子在企业工作，为企业的发展、为地方经济做出了贡献，现在为了推动实现 Q 区环境根本改善，走出转型发展、绿色发展的新路，义无反顾地离开安身立命、旱涝有收的企业，同样也是做贡献。政府、社会、企业不能忘记这些人，不能放手不管，都应有主动服务意识。对于企业来说，职工解除劳动合同，领取补偿金后，身份发生变化，从企业职工变成社会人；有的企业关停破产，原有职工各奔前程、自谋职业，企业没有机构人员关注职工的就业；另外搬迁改造企业生产经营任务重，以获取利润为目的，不会安排专人安排专项经费，没有更多的精力关注退解职工的就业，所以，目前关停搬迁企业对职工就业帮扶处于被动状态，应付式配合政府人社部门、街道、社区举办的培训招聘，做甩手掌柜，缺乏主动服务意识；有企业视解除劳动合同、提前退休人员如洪水猛兽，不主动了解这些人的就业状况、遇到的困难、内心的真实想法，不为这些人提供就业帮助，生怕这些人给自己惹麻烦，我们在调研走访问卷调查过程中，请求企业邀请部分解除劳动合同提前退休的人员开座谈会了解他们的生活就业状况，企业相关人员怕这些人来闹事，请求企业在 QQ 或微信交流群转发问卷调查链接，也以没有交流群怕这些人发牢骚宣泄不满为由不配合，站在课题组成员的角度看，不倾听群众的呼声、不了解群众的状况，不把解除劳动合同提前退休人员的内心最真实的想法、最迫切的需求传递给党和政府，就业困难民生疾苦难以解决，只会使群众的怨气越来越大，加深群众对政府的不满，怨气不满积得越久，将来爆发时给政府给社会带来的危害越大，所谓防民之口甚于防川。

有企业搬迁到偏远的异地，2019 年投产项目计划招 100 人，但只招到 5 人。主要原因在于冶炼化工行业工作环境相对恶劣，搬迁前企业在城区，有区位优势，职工上班、生活、小孩上学等都方便，但现在位于偏远的地方，远离城区，没有任何优势。另外，公司坚持不招解除劳动合同的人，理由是解除劳动合同人员领了至少 5 885 元 / 年的补贴，并且协商解除劳动合同的职工大部分就业能力强，如果领了补贴又招回公司，对内部转岗职工不公平。出现了非常尴尬的局面，一方面，企业投产急需职工短期内难以招到合适的员工，另一方面，因为企业规定解除劳动合同领了补贴不能再招进企业，解除劳动合同人员、内部退养人员有就业意愿希望就业，却无法就业。

三、企业促进失业人员再就业社会责任

2020 年 7 月 21 日，习近平总书记主持召开企业家座谈会并发表重要讲话。习近平总书记强调，企业是我国经济活动的主要参与者、就业机会的主要提供者、技术进步的主要推动者，在国家发展中发挥着十分重要的作用。习近平总书记指出，企业既有经济责任、法律责任，也有社会责任、道德责任。任何企业存在于社会之中，都是社会的企业。只有真诚回报社会、切实履行社会责任的企业，才能真正得到社会的认可。关爱员工是企业履行社会责任的一个重要方面，企业要努力稳定就业岗位，关心员工健康，同员工携手渡过难关。

社会责任越来越成为人们衡量一个企业优劣的标准，企业为了最终的可持续发展，需要履行一定的社会道德规范要求，承担相应的社会责任。当今世界正面临百年未有之大变局，当前保护主义上升、世界经济低迷、全球市场萎缩，复杂的社会现象和社会问题突出。企业的社会责任被赋予了更丰富的内涵，为社会提供更多的就业机会、增加就业岗位，保护职工

的劳动权益，促进失业人员再就业是企业履行社会责任的重要内容。企业对失业人员承担的社会责任可以分为经济上的责任和非经济上的责任。经济上的责任，是指企业因为与职工解除劳动合同，为了促进失业人员再就业、保障失业人员基本生活支付经济补偿的责任。通过支付经济补偿金可减少劳动者的损失，使劳动者在失去原有工作和找到新工作之间有一个良好的经济过渡。在劳动者重新就业的合理时间内，经济补偿金就相当于原有工作待遇支付的一部分，起到接续生计的作用。非经济的责任，是指企业对失业人员承担的非经济的义务。德国的《解约保护法》《企业委员会法》以及《民法典》都规定，雇员如果对企业的解约提起了申诉，则企业有义务在解约争执被依法解决之前，在劳动条件不变的情况下继续雇用雇员；企业应该给予被解约雇员在合理的时间内寻找新的工作，并且在这段时间仍然向其支付工资；企业有义务向解约雇员交付相关的工作证明文件，如有关证书、工作书面证明和带有工资证明的保险卡等，以便能够对其未来的雇主清楚地介绍雇员。此外，有的国家还要求企业优先雇佣原来解约的雇员，俄罗斯的《居民就业法》《关于保护俄罗斯联邦公民劳动权利的补充措施》中就有这种规定。

四、搬迁改造企业要为再就业牵线搭桥

Q 老工业区搬迁改造后，大多数中小企业都关停，职工各奔东西。搬迁改造企业有用工需求，在改变用工性质的前提下优先聘用解除劳动合同的人员，这样于企业、于职工都有好处，因为这些职工有熟练的技能，对企业情况熟悉，如果企业另聘新员工，需要对新员工重新培训，短期内很难适应岗位，于职工来说，能很好地解决就业问题。2018 年修订的《中华人民共和国劳动法》第二十七条规定“用人单位依据本条规定裁减人员，在 6 个月内录用人员的，应当优先录用被裁减人员。”某企业 2016 年改

制时，原职工全部解除劳动合同或内退，这些人员只要愿意可继续留在该企业，搬迁后，有 215 人随迁，平均工资约 6 600 元，随迁职工还享受每个月 200 元的交通补贴和免费住宿。这些举措，很好地解决了企业搬迁改造失业人员的就业问题，值得其他企业学习、借鉴。

关停破产企业应该充分利用熟悉掌握解除劳动合同人员个体的情况，为解除劳动合同人员、提前内退人员等有就业需求的人员牵线搭桥，帮助他们实现再就业。一是配合对口帮扶区政府安排的专人，开展就业状况调查和建档立卡工作。通过到小区到户上门、打电话等方式对企业解除劳动合同人员、提前退休人员进行一对一、点对点的普查，明确解除劳动合同提前退休人员的性别、年龄、学历技能、目前工作状态、个人收入情况、培训意愿、是否愿意就业、是否愿意外出就业等个人基本情况，以及家庭情况，建立实名制精准就业帮扶信息库。二是建立岗位搜集推送联络机制，利用失业人员居住集中、再就业 QQ 群、微信群等，收集职工诉求，发布用工信息，弥补线下交流可能出现的疏漏。配合人社部门组织失业人员参加技能培训和招聘会。三是针对重点帮扶对象，因为搬迁改造企业留守人员熟悉就业困难户、家庭困难户的个人情况以及家庭情况，情感上容易被帮扶对象接受，相互之间沟通没有障碍，配合帮扶责任人定期联系帮扶对象，突出思想引领，进行教育宣传和思想引领，分析研判就业形势，帮助人们树立正确的就业观，联系职业技能培训，提高再就业能力，确定个人的就业方向，精准推送就业岗位，确保就业帮扶有精度，更有温度，有更多的人文关怀。

第五节　引导失业人员转变思想，树立正确的再就业观

一、就业观与再就业

就业作为在法定年龄内的劳动者为获取报酬所从事的务工劳动，是民生之本、是稳定之基、是发展之要、是安邦之策。就业观是求职者对求职就业的根本看法和态度，在就业过程中起着重要作用，正确的就业观包括自主择业观、竞争就业观、职业平等观和多种方式就业观。再就业指已经就业后又失业的一批人的重新就业，是属于曾经有过工作和经济收入，并且已经与企业建立了一系列劳动关系的人员的再就业。正确的再就业观是实现再就业的思想前提，有助于促进劳动者的再就业。无论是就业或是再就业，都是劳动者实现自我价值和自我发展的重要途径。

2019 年《中共中央、国务院关于切实做好国有企业下岗职工基本生活保障和再就业工作的通知》指出，近年来职工大量下岗现象是计划经济条件下实行的就业体制和就业政策在经济转轨过程中的必然反映，也是长期以来重复建设、盲目建设以及企业经营机制深层次矛盾多年积累的结果。2020 年《政府工作报告》提出要努力稳定现有就业，积极增加新的就业，促进失业人员再就业。稳就业是保民生的重中之重，如何引导和促进失业人员的再就业关乎经济发展、社会稳定以及人民安居乐业。

二、Q 区搬迁企业职工再就业过程中的就业观亟待革新

Q 区搬迁改造企业失业人员是一个特殊的群体，其再就业的现状不容乐观。如前文所述，不仅整体再就业率不够理想，而且就业质量也不高。究其原因，部分是因为年龄偏大，文化素质较低，职业技能单一；也包括部分有意愿的创业者，缺乏资金，找不到合适项目。但更主要的原因是员

工就业观念较陈旧，没有正视现实，彻底放下“国企老大哥”的面子，在市场经济中找准自己的定位。换言之，Q 区搬迁改造企业失业人员的再就业观念与当前的就业形势和市场对就业的要求不相匹配。

客观地说，在当下就业岗位和形态丰富多元的现代社会，普通劳动者想找到一份养家糊口的工作并不是很难。关键在于失业人员自身要转变思想，克服“等靠要”的思想，以前在企业就像在航行的船上，职工生老病死企业全包，现在从单位人变为社会人，就像从船上落入大海，一切都得靠自己，必须学会游泳，所以失业人员要学会谋生技能，以前在企业的技能更多时候用不上，必须从头开始，重新学习、掌握一门技能。自主创业、自谋职业都重在“自”，发挥自己的能动性，独立自主、自力更生，能够自力更生的就尽量不给政府、给社会添麻烦。在危机中寻找和培育新机遇，在变局中开拓发展新局面，立足自身发展。Q 区搬迁改造企业员工解除劳动合同后，每一个人都希望找到薪酬待遇好、又稳定又轻松的工作，这都可以理解，但能找到比原来企业待遇更好或相当的工作毕竟是少数，更多的人再就业时遇到的单位薪酬待遇比以前差、要求比以前高，这就需要正确认识，放低身段，正确对待。当今的信息时代，一职定终身、“找个好单位一辈子安稳”的就业观已经越来越不适应快速变化的现实了。Q 区搬迁改造企业失业人员最希望的就业方式调查结果显示，84.14% 的人希望稳定性就业，10.68% 的人选择自主创业，选择临时性就业的仅占 4.85%。Q 区搬迁改造企业失业人员要清楚认识到自己引以为豪的或军工企业或国企或上市公司的身份一去不复返，和自己没有任何关系，不要纠结于和原来的企业比，不挑三拣四，积极争取适合自己的就业岗位，先就业再择业，毕竟就业是生活的需要，天上从来不会掉馅饼，不就业哪来收入，如何养家糊口。

俗话说，思想决定态度，态度决定行动，行动决定结果。Q 老工业区企业搬迁改造，是国家为了产业转型升级、改善生态环境做出的重大决策，对企业搬迁改造后失业人员的困难，政府当然不会熟视无睹，但政府、社会及企业的支持帮助唯有和失业人员自强不息的心态结合起来，才能真正发挥作用。事实上，抓准思想观念的病灶，引导失业人员转变思想，树立正确的再就业观是系统性的工程，需要政府、企业以及失业人员的共同努力，其中失业人员自身的努力，是实现再就业的决定性因素。因为一个人若能在精神上顶天立地，又何愁就业无门，实现抱负无望？

三、多方施策，多措并举，引导失业人员转变再就业观

（一）政府层面

引导失业人员积极转变就业观念， 促进失业人员再就业既是中央政府坚持以人为本，保障和改善民生的重要体现，也是地方政府保护失业员工自身权益，促进区域经济发展的重要举措。

基于此，政府首先应坚持发展是第一要务的理念，弘扬社会主义核心价值观，秉承人民至上、人气至上、大局意识、长短结合、点面结合的基本原则，大力发展工业文化旅游等相关产业，改善就业结构，发挥产业基础的就业带动效应，扩大产业对劳动力的吸纳能力，实现产业发展赋能再就业，缓解劳动力市场供需失调的现状。其次，需要强化再就业帮扶政策的系统性和针对性，加大鼓励再就业政策的宣传力度和灵活性，促进鼓励企业吸收下岗职工就业和鼓励下岗职工自主创业的相关政策优惠和补贴的真正落地，营造全社会关注 Q 区搬迁改造企业下岗职工就业的良好政策环境，从而为不断拓宽新的就业渠道，广开就业门路创造条件。再次，政府还应加强劳务供求双方信息的收集和管理，健全就业信息公示平台，完善对就业信息的核准、就业咨询和公益性就业岗位的开发管理等公共服务，发挥社会保障对促进再就业的支撑作用。此外，政府仍需要有针对性地开

展契合市场需求的各类职业技能培训，授人以鱼不如授人以渔，既要培养失业人员自立自强的精神，也要提升失业人员的职业技能素养，实现有温度和可持续性的再就业。

（二）企业层面

企业是我国经济活动的主要参与者和就业机会的主要提供者。在引导Q区搬迁改造企业失业人员转变就业思想的这一过程中，下岗职工原就业企业理应强化社会责任担当，加强与政府相关职能部门的对接，协助政府开展再就业的相关组织和宣传工作，积极帮扶失业人员实现再就业，为促进就业局势稳定和Z市经济发展贡献自身力量。

其二，原就业企业还应充分利用和发挥数字经济优势，协助政府提供多样化的再就业培训，加大对失业人员再就业培训的支持力度，如加大再就业培训的宣传力度，增强再就业培训的市场导向性，扩大再就业培训覆盖面，提高再就业培训的针对性，加强对再就业培训"硬件"（经费、场地、设备等）和"软件"（灵活的培训时间和亲和的培训氛围等）的支持，切实帮助提升失业人员的再就业能力。

另外，调查显示Q区搬迁改造企业失业人员创业动机不强，目前仅有6.31%的被调查者目前从事创业性工作。对此，企业应积极引导失业员工多样化就业，如提供转岗就业和支持自主创业的方式，积极为失业人员提供创业学习的平台，帮助其学习创业知识，提高面对创业风险的自我承受能力，增强失业人员再就业的适应性，进而丰富再就业的途径，提高失业人员的再就业率。

（三）个人层面

Q区搬迁改造企业失业人员当前首当其冲的事是在客观分析严峻就业形势和实际用工需求的基础上，结合自身就业年龄偏大和受教育程度较低的现状，及时调整自身的就业心态，树立理性的就业观，积极调整自身的就业诉求，主动适应市场经济的要求，转变过去端上国企“铁饭碗”就可以“旱涝保收、吃穿不愁”的就业思想，弱化“面子”意识，深化不认清就业现实会错失良机的认知，充分认识再就业的积极意义，树立“多渠道、多方位、多样化、多层面”的就业理念，走出就业观误区。

其次，失业人员应充分发挥就业主观能动性，变被动就业为主动择业，在转变就业理念的同时，适当放低身段，设置适中的就业期望值，降低就业要求，拓宽再就业的渠道，如采取转岗就业和自主创业的方式，以过渡性的工作安置下来，先就业再择业，提升再就业率，在一定程度上降低了失业期带来的思想压力和经济压力。

此外，失业人员要增强再就业竞争意识，提高参与就业再培训的积极性，实现提高就业理论知识水平和丰富自身职业技能的双赢，从而提升自身的再就业能力和综合素质，在社会实践舞台中绽放自身价值，提高再就业幸福感。

总而言之，失业并不可怕，关键要正确对待面临的困难风险和挑战，变挑战为应战，化危机为机遇。转变思想，放低身段，打开视野，就会发现一个不一样的世界，到处都是机会。找不到“一职定终身”待遇好的工作，保安、保险、保洁、散工、家政、快递员、外卖骑手、代驾、网约车等灵活用工、弹性就业也能获得劳动报酬可以养家；创不了业，做不了老板，在马路上摆地摊、做微商电商、淘宝开店、网络直播、小区开超市、卖凉粉也能养家糊口。例如，某 SF 区厂矿的员工，在失去赖以谋生的工作后，走出了一条自主创业之路，不但自己成功创业，还吸纳人员实现就业。谢师傅，今年已经 57 岁，2009 年离职后，自主创业在原公司大门口开过餐馆当过老板，经营失败后为了维持生计到处打零工做搬运；现在年纪大了，打零工做的是苦力活，全天候打零工体力吃不消，目前选择上午打零工，下午在小学门前摆地摊，夏天卖凉粉冬天卖甜酒，从下午四点钟到晚上九点多钟，生意好时月收入近 2 000 元，为了节约时间多做生意，他晚饭一般自己带，就地解决，这么多年来，靠着吃苦耐劳自立，养活了一家五口，儿子儿媳妇在 HT 区上班也买了房。这种能当老板能摆地摊，能上能下、能屈能伸的独立自主精神和乐观的人生态度值得我们每一位失业人员学习和借鉴。

参考文献

[1] 阿计．“地摊经济”呼唤城市管理变革［J］．人民之声，2020（6）：52.

[2] 蔡昉．中国人口与劳动问题报告：人口、就业和收入分配［M］．北京：社会科学文献出版社，2011.

[3] 陈佳丽．对发展广场经济的调研与思考［J］．浙江统计，2008（2）：46–47.

[4] 陈世平，韦诗，王晓庄．影响城市退休人员再就业意向的相关因素研究［J］．心理与行为研究，2014，12（5）：688–694.

[5] 陈振华，伍正翔．优质教育资源发展中的经济作用分析［J］．教育科学，2011，27（5）：7–12.

[6] 慈勤英，王卓祺．失业者的再就业选择：最低生活保障制度的微观分析［J］．社会学研究，2006（3）：135–150，244.

[7] 戴鑫．论下岗失业人员再就业的政府促进［D］．北京：首都经济贸易大学，2013.

[8] 邓文谦．下岗职工再就业培训问题研究［D］．厦门：厦门大学，

2006.

[9] 方行明，韩晓娜. 劳动力供求形势转折之下的就业结构与产业结构调整 [J]. 人口学刊，2013，35（2）：60–70.

[10] 冯国斌. “零工就业平台”为就业地图添新彩 [J]. 中国就业，2019（2）：32–33.

[11] 冯皓，陆铭. 通过买房而择校：教育影响房价的经验证据与政策含义 [J]. 世界经济，2010，33（12）：89–104.

[12] 付渊聪. 关于城市地摊经济的探讨与分析 [J]. 中国国际财经（中英文），2017（18）：193.

[13] 广西财政厅课题组. 推进西江跨省流域上下游横向生态补偿机制的政策研究 [J]. 经济研究参考，2019（2）：90–101.

[14] 广元工会. 创新就业新平台 服务城市零散工 [J]. 中国工运，2020（9）：45–46.

[15] 国务院办公厅. 国务院办公厅关于以新业态新模式引领新型消费加快发展的意见 [J]. 中华人民共和国国务院公报，2020（28）：23–27.

[16] 韩鑫. 以新业态新模式引领新型消费 [N]. 人民日报，2020-10-14（05）.

[17] 贺勇，姚雪青，刘晓宇. 稳就业 有底气 [N]. 人民日报，2020-06-01（13）.

[18] 侯飞，王明杰. 流动摊贩的生存逻辑探析：基于A大学周边流动摊贩的调研 [J]. 城市管理与科技，2018，20（6）：52–55.

[19] 胡鞍钢，程永宏，杨韵新. 扩大就业与挑战失业 [M]. 北京：中国劳动社会保障出版社，2002.

[20] 胡放之，邵继红. 推动零工经济发展 促进多渠道灵活就业 [J].

理论月刊，2020（10）：67–72.

［21］黄海嵩. 中国企业劳动关系状况报告［M］. 北京：企业管理出版社，2013.

［22］黄宁. 服务业对外开放对中国就业的影响研究［D］. 北京：对外经济贸易大学，2015.

［23］黄艳群. 搬迁中失业员工再就业与培训存在的问题及对策：以清水塘老工业区为例［J］. 管理观察，2018（19）：96–98.

［24］江坚. 基于学区房现状浅谈教育地产的发展［J］. 创新，2010，4（2）：60–63.

［25］姜达洋. “地摊经济”考量城市公共治理能力［J］. 群言，2020（8）：20–22.

［26］教育部课题组. 深入学习习近平关于教育的重要论述［M］. 北京：人民出版社，2019.

［27］李栋华. 就业困难群体再就业意愿影响因素研究：基于政府就业援助视角［J］. 中国劳动关系学院学报，2017，31（4）：64–72.

［28］李飞. 构建助力精准脱贫攻坚的横向生态补偿机制［J］. 新视野，2019（3）：31–36.

［29］李海燕. 加快发展现代服务业新业态新模式研究［J］. 经济管理文摘，2020（9）：23–24.

［30］李梦. 从“学区房”现象看教育资源的资本化［J］. 知识经济，2013（19）：10–11.

［31］李培林，李炜. 近年来农民工的经济状况和社会态度［J］. 中国社会科学，2010（1）：119–131.

［32］李强，胡俊生，洪大用. 失业下岗问题对比研究［M］. 北京：清华大学出版社，2001.

[33] 李伟. 关于株洲清水塘老工业区循环经济发展的调查与思考 [J]. 经济研究参考，2013（43）：76–82.

[34] 李伟胜. 基础教育均衡发展所需的优质资源从哪里来 [J]. 中国教育学刊，2019（7）：29–34.

[35] 李心萍. 千方百计保居民就业 [N]. 人民日报，2020–04–22（12）.

[36] 李心萍，丁怡婷，宋豪新. 稳就业办法多举措实 [N]. 人民日报，2020–03–06（19）.

[37] 李心萍，贺林平，朱磊，等. 让千家万户端稳饭碗 [N]. 人民日报，2020–06–09（01）.

[38] 李杨，夏艳. 下岗职工非正式社会支持与再就业求职行为研究 [J]. 求实，2006（6）：50–52.

[39] 李悦辉. 下岗失业与再就业问题研究 [D]. 武汉：华中师范大学，2003.

[40] 林金辉. 中外合作办学中引进优质教育资源问题研究 [J]. 教育研究，2012，33（10）：34–38，68.

[41] 刘晶. 我国资源枯竭型城市就业问题研究 [D]. 吉林：东北师范大学，2007.

[42] 刘学民. 下岗职工与再就业 [M]. 北京：人民法院出版社，2000.

[43] 刘中才. 发展“地摊经济”重在因地制宜 [N]. 企业家日报，2020–06–18（03）.

[44] 罗润东. 当代就业问题透视 [M]. 北京：经济科学出版社，2005.

[45] 罗艺，高国富. 生态城市建设的困境与对策：以制度保障为视角 [J]. 资源开发与市场，2017，33（7）：812–817.

[46] 毛丰付，罗刚飞，潘加顺. 优质教育资源对杭州学区房价格影响研究 [J]. 城市与环境研究，2014，1（2）：53–64.

[47]莫荣，岳威．增加下岗职工就业机会研究［J］．管理世界，2001（2）：88–94.

[48] 聂娟，李超海．“散工”群体的生存状态与社会治理：以广州的实地调查为例［J］．学术研究，2014（12）：45–50.

[49] 聂竹明，刘钊颖．优质教育资源共享制度变革：从科层制到社群化［J］．中国教育学刊，2017（5）：56–61.

[50] 牛雄鹰．全球化背景下我国失业人员再就业问题研究［M］．北京：中国经济出版社，2010.

[51] 庞明川．壮大新业态 凝聚新动能 引领新发展［J］．红旗文稿，2020（17）：28–29.

[52] 彭飞．郑州市“零散劳工”半组织化生存现状探析［D］．郑州：郑州大学，2016.

[53] 邱俊霖．让新业态成为吸纳就业的“蓄水池”［J］．中国就业，2020（9）：55.

[54] 任保平，宋雪纯．中国新经济发展的综合评价及其路径选择［J］．中南大学学报（社会科学版），2020，26（1）：13–21.

[55] 任婷，石芬芳．社区失业人员再就业培训现状与需求分析：以武汉市为例［J］．职教论坛，2016（3）：64–68.

[56] 舒宁．互联网巨头纷纷出手，为地摊经济“添把火”［J］．大数据时代，2020（7）：54–59.

[57] 孙步忠，曾咏梅．基于合作博弈的跨省流域横向生态补偿机制构建［J］．生态经济，2011（2）：29–32.

[58] 孙洁．我国灵活就业群体的社会保障政策探讨［J］．开发研究，2006（2）：15–18.

[59] 孙伟增，林嘉瑜．教育资源供给能够降低学区房溢价吗？——来自

北京市新建小学的证据［J］. 经济学（季刊），2020，19（2）：499-520.

［60］孙艳阳，俞尚茗. 互联网+文化产业的机遇与挑战：基于新冠疫情影响下的文化产业新业态分析［J］. 大众文艺，2020（14）：229-230.

［61］石羚. 稳就业需要打好“组合拳”［N］. 人民日报，2020-03-06（05）.

［62］谭贞. 国外优质教育资源的引进与模式优化［J］. 教育与经济，2007（3）：57-60.

［63］唐云岐. 转轨中的震撼：中国下岗问题追踪与探索［M］. 北京：中国劳动出版社，1998.

［64］田洪川. 中国产业升级对劳动力就业的影响研究［D］. 北京：北京交通大学，2013.

［65］田立法，沈红丽，赵美涵，等. 城市老年人再就业意愿影响因素调查研究：以天津为例［J］. 中国经济问题，2014（5）：30-38.

［66］童晶. 新经济发展趋势与中国的应对策略［J］. 开放导报，2018（3）：13-17.

［67］庹旋. 城市地摊经济浅析［J］. 湖南农机，2010，37（5）：111-112.

［68］万芊. 城市低龄老年人再就业促进研究：基于上海市的调查［J］. 社会科学研究，2013（6）：114-117.

［69］万向东. 农民工非正式就业的进入条件与效果［J］. 管理世界，2008（1）：63-74.

［70］万向东. 农民工非正式就业研究的回顾与展望［J］. 中山大学学报（社会科学版），2009，49（1）：159-170.

[71] 汪耀辉．20 世纪中国城市广场的开拓与转型［D］．上海：上海师范大学，2016.

[72] 王宝杰．打好“组合拳”全力稳就业［N］．中国劳动保障报，2020-04-10（01）.

[73] 王成栋．引导“地摊经济”有序发展［J］．人民论坛，2020（20）：77-79.

[74] 王钒吉．北京市失业人员灵活就业社会保险补贴政策评估研究［D］．北京：首都经济贸易大学，2014.

[75] 王飞．农民工就业服务体系建设研究：基于城市社区为平台的视角［J］．当代青年研究，2013（2）：104-110.

[76] 王汉生，陈智霞．再就业政策与下岗职工再就业行为［J］．社会学研究，1998（4）：3-5.

[77] 王金祥．散工群体生存状况研究［D］．西安：西北大学，2016.

[78] 王琳．株洲市清水塘老工业区转型发展规划策略与实践［J］．中华建设，2019（2）：90-91.

[79] 王甜甜．人口老龄化背景下我国老年人再就业问题研究［D］．吉林：吉林大学，2016.

[80] 王延中．中国的劳动与社会保障问题［M］．北京：经济管理出版社，2004.

[81] 王彦龙．共享经济发展亟须突破盈利困境［N］．中国经济时报，2019-06-12（05）.

[82] 王一鸣．推进生活服务业数字化转型 线上服务等新业态有望成为我国服务业转型发展的新动力［J］．财经界，2020（28）：13-14.

[83] 王玉明，王沛雯．城市群横向生态补偿机制的构建［J］．哈尔滨工业大学学报（社会科学版），2017，19（1）：112-120.

[84] 王裕国. 中国劳动力市场与就业问题 [M]. 成都：西南财经大学出版社，2000.

[85] 吴丹丹. 适度发展“地摊经济”缓解就业难问题 [J]. 资治文摘（管理版），2009（6）：7，40.

[86] 吴江，王欣. 长期失业人员求职意向的研究：基于公共就业服务角度的分析 [J]. 经济理论与经济管理，2012（3）：64-69.

[87] 习近平. 城市是人民的城市 人民城市为人民 [N]. 人民日报海外版，2019-11-4（01）.

[88] 习近平. 决胜全面建成小康社会 夺取新时代中国特色社会主义伟大胜利 [N]. 人民日报，2017-10-28（01）.

[89] 习近平. 推动我国生态文明建设迈上新台阶 [J]. 奋斗，2019（3）.

[90] 习近平. 在企业家座谈会上的讲话 [J]. 中华人民共和国国务院公报，2020（22）：5-8.

[91] 夏雪松. 政府公共就业服务平台建设研究 [D]. 北京：北京理工大学，2016.

[92] 谢维和. 论优质教育资源的含义与建设 [J]. 人民教育，2002（11）：24-26.

[93] 徐峰. 健全生态补偿机制 推动生态文明建设：浙江省流域横向生态补偿的制度实践及对策建议 [J]. 财政科学，2020（2）：111-121，126.

[94] 徐玲. 提高下岗失业人员再就业培训效率的思考 [J]. 产业与科技论坛，2020，19（12）：233-234.

[95] 许抄军，罗能生，王家清，等. 教育对城市化的促进作用 [J]. 经济地理，2007（4）：607-609，613.

[96] 许浩. 大城市容得下“地摊经济”吗 [J]. 中国经济周刊，

2007（12）：26–29.

［97］许馨天. 当今中国地摊经济价值论［J］. 中小企业管理与科技（中旬刊），2020（7）：37–39.

［98］杨滨伊，孟泉. 多样选择与灵活的两面性：零工经济研究中的争论与悖论［J］. 中国人力资源开发，2020，37（3）：102–114.

［99］杨春平，陈诗波，谢海燕. “飞地经济”：横向生态补偿机制的新探索：关于成都阿坝两地共建成阿工业园区的调研报告［J］. 宏观经济研究，2015（5）：3–8，57.

［100］杨舸. 政府的职责定位与农民工组织化中社会资本的整合：基于南昌市“散工劳务超市工会”的调查［J］. 中国劳动关系学院学报，2017，31（2）：101–109.

［101］杨伟国. 多渠道稳就业［J］. 人民周刊，2020（8）：79.

［102］杨昕，任跃辉，韩丽芳. 基于大数据视野下高校就业服务平台构建研究［J］. 中国市场，2017（9）：16–17.

［103］杨燕绥，赵建国. 灵活用工与弹性就业机制：新规则，自由人的梦［M］. 北京：中国劳动社会保障出版社，2006.

［104］杨宜勇. 就业理论与失业治理［M］. 北京：中国经济出版社，2000.

［105］杨云彦. 城市就业与劳动力市场转型［M］. 北京：中国统计出版社，2004.

［106］于法鸣. 培训与就业［M］. 北京：中国劳动社会保障出版社，2005.

［107］袁富华. 中国劳动密集型制造业出口和就业状况分析［J］. 经济理论与经济管理，2007（4）：50–56.

［108］袁振杰，郭隽万果，杨韵莹，等. 中国优质基础教育资源空间格

局形成机制及综合效应［J］．地理学报，2020，75（2）：318-331.

［109］原小能．加快发展现代服务业新业态新模式［J］．群众，2019（17）：12-13.

［110］岳晓林．青岛市中韩马路劳工市场“散工”问题调查报告［J］．中南财经政法大学研究生学报，2019（S1）：63-68.

［111］殷鹏．让“新就业形态”茁壮成长［N］．人民日报，2020-06-09（05）.

［112］曾湘泉．中国就业战略报告［M］．北京：中国人民大学出版社：2017.

［113］张洪潮，王丹．新型城镇化、产业结构调整与农村劳动力“再就业”［J］．中国软科学，2016（6）：136-142.

［114］张洪军．失业、转岗人员的再就业培训［J］．企业改革与管理，2017（6）：93-94.

［115］张抗私．就业问题：理论与实际研究［M］．北京：社会科学文献出版社，2007.

［116］张牧扬，陈杰，石薇．租金率折价视角的学区价值测度：来自上海二手房市场的证据［J］．金融研究，2016（6）：97-111.

［117］张人戈．疫情影响下新业态、新模式迎来重大机遇［J］．公关世界，2020（14）：11-12.

［118］张素勤．地摊经济的正负效应及对策分析［J］．营销界，2020（8）：188-190.

［119］张文青．西安优质教育资源共建共享有效路径研究［D］．西安：陕西师范大学，2016.

［120］张文忠．中国宜居城市建设的理论研究及实践思考［J］．国际城

市规划，2016，31（5）：1-6.
［121］张夏恒．零工经济发展问题研究［J］．改革与战略，2020，36（8）：46-53.
［122］张妍．城市化发展与教育［J］．教育发展研究，2005（15）：25-31.
［123］张义珍．国有企业改革中的人员分流与再就业［J］．行政管理改革，2017（5）：4-8.
［124］张忠德，潘新兴，麻元元．西方经济学［M］．北京：人民邮电出版社，2017.
［125］赵虎．中国都市区就业空间演化研究［M］．南京：东南大学出版社，2014.
［126］赵建国，苗莉．城市就业问题研究［M］．北京：高等教育出版社，2005.
［127］赵文雯．放开但不放任，“地摊经济”还需规范引导：四川“地摊经济”情况调查报告［J］．四川省情，2020（8）：42-43.
［128］赵颖．员工下岗、家庭资源与子女教育［J］．经济研究，2016，51（5）：101-115，129.
［129］郑炯．搭建高效的劳动就业公共服务平台大力提升基层就业服务及管理水平［J］．科技信息，2013（8）：105-106.
［130］中共中央文献研究室．习近平关于社会主义社会建设论述摘编［M］．北京：中央文献出版社，2017.
［131］周大鸣，周建新．“自由的都市边缘人”：东南沿海散工研究（一）［J］．西南民族大学学报（人文社科版），2006（8）：8-17.
［132］周宏春．地摊经济：城市活力与治理能力现代化［J］．科技与金融，2020（8）：53-54.

[133] 周晓穗，吴晓. 流动摊贩的时空分布特征研究：兼议流动摊贩包容性治理策略 [J]. 现代城市研究，2020（1）：89–96.

[134] Wang B，Greenwood K M. ‘Face’ and psychological processes of laid–off workers in transitional China [J]. Family Medicine and Community Health，2016，4（3）：13.

[135] Alpermann B,Gold T B，William J，et al. Laid–off Workers in a Workers’ State：Unemployment with Chinese Characteristics [J]. Journal of Chinese Political Science，2013，18（3）：313–314.

[136] Zhang D，Yan F. Comparative Study on the Index Systems of Ecological Livable City [J]. Architectural Engineering，2013，1（1）：18–21.

[137] Hulshof I L，Demerouti E，Le Blanc P M. Reemployment crafting: Proactively shaping one's job search [J]. The Journal of applied psychology，2020，105（1）：58–79.

[138] Regalia I. Regulating New Forms of Employment [M]. Oxford: Taylor and Francis，2005.

[139] Seok J J. An Empirical Study on Education Process Improvement for Effective Job Training of Construction Safety Manager [J]. Journal of the Korea Safety Management and Science，2018，20（1）.

[140] Zhang J. A Study on Suburban Rural Farmers’ Reemployment—A Case Study of G County，Shandong Province [J]. Advances in Social Sciences，2019，8（4）：515–519.

[141] Stone N I. Regularity of Employment—Need of Standardization of Methods for Measuring Regularity of Employment [J]. Quarterly publications of the American Statistical Association，2012，15（115）.

[142] Yang P. Laid-Off Workers in a Workers' State: Unemployment with Chinese Characteristics [J]. The Journal of Asian Studies, 2011, 70 (1): 195-196.

[143] Finnie R, Gray D. How Do Older Laid-Off Workers Get By: Reemployment, Early Retirement, or Social Insurance Benefits? [J]. Canadian Public Policy, 2018, 44 (2): 173-189.

[144] Shangcong S. Street stall economy in China in the post-COVID-19 era: Dilemmas and regulatory suggestions [J]. Research in Globalization, 2020 (2): 100030.

[145] Sun W, Zheng S, Wang R. The capitalization of subway access in home value: A repeat-rentals model with supply constraints in Beijing [J]. Transportation Research Part A, 2015, 80 (OCT.): 104-115.

[146] Leah V. Closing the Enforcement Gap: Improving Employment Standards Protections for People in Precarious Jobs [M]. Toronto: University of Toronto Press, 2020.

[147] Leah V. Temporary Work: The Gendered Rise of a Precarious Employment Relationship [M]. Toronto: University of Toronto Press, 2000.

[148] Zhen T. Internationalization of Higher Education in China: Chinese-Foreign Cooperation in Running Schools and the Introduction of High-Quality Foreign Educational Resources [J]. International Education Studies, 2009, 2 (3).

[149] 韦小岿. 城市消费视域下夜经济业态运营探究 [J]. 老字号品牌营销, 2020 (10): 69-70.

[150] 梁喜书. 打造楼宇经济升级版激发城市经济发展新活力 [J]. 广西经济，2016（10）：70–72.

[151] 薛静. 楼宇经济产业形态与发展要素探析 [J]. 产业经济，2014（31）：188–190.

[152] 徐宜先. 楼宇经济的发展路径分析 [J]. 住宅与房地产，2020（5）：5.

[153] 汤学兵，孙祥辰. 楼宇经济研究进展综述 [J]. 住宅与房地产，2019（9）：1–2.

[154] 欧阳汝欣. 浅谈城市广场的人性化设计 [J]. 现代农村科技，2019（12）：13–14.

[155] 王道荣. 欠发达地区养老服务业可持续发展问题研究 [J]. 求知，2020（6）：44–46.

[156] 陈新国，褚兴森，葛海荃. 推动区域楼宇经济健康发展 [J]. 山东纺织经济，2018（7）：34–35.

[157] 王茂春. 文化产业助推经济发展方式转变思考 [J]. 合作经济与科技，2020（13）：26–27.

[158] 卢学辉，任雁，文萌川，等. 我国楼宇经济服务标准化现状及对策 [J]. 中国标准化，2020（1）：82–85，92.

[159] 张健. 新零售环境下城市核心商圈转型升级对策 [J]. 商业经济研究，2019（23）：150–153.

[160] 郭玥辰. 优化服务业发展营商环境的法治保障 [J]. 法制与社会，2020（24）：148–149.

[161] 李侠，李梦云. 中国服务业发展现状原因分析及应对措施 [J]. 时代金融，2020（20）：187–188.

[162] 刘明军. 析文化广场建设的深刻人文与经济意涵 [J]. 神州民俗（学

术版），2011（3）：6-9.

［163］贾若祥，高国力．地区间建立横向生态补偿制度研究［J］．宏观经济研究，2015（3）：11.

［164］贾若祥，曹忠祥．地区间横向生态补偿的总体思路［J］．中国经贸导刊，2014（20）：3.

［165］赵明刚．中国特色对口支援模式研究［J］．社会主义研究，2011（2）：6.

［166］曾水英，范京京．对口支援与当代中国的平衡发展［J］．西南民族大学学报（人文社科版），2019，40（6）：8

［167］石绍宾，樊丽明．对口支援：一种中国式横向转移支付［J］．财政研究，2020（1）：11.

［168］丁守海，吴迪．精准施策与就业保障［J］．中国特色社会主义研究，2020（3）：9.

［169］李静．精准就业：可行能力视角下农村弱势群体的扶贫方略［J］．中国行政管理，2020（1）：5.

［170］宋凤轩，杨竹晴．去产能背景下促进失业人员再就业的路径选择：以新时代工会组织之效能为探讨中心［J］．河北学刊，2019，39（4）：6.

［171］汤德旺．精准就业扶贫打赢脱贫攻坚战：以福建省龙岩市为例［J］．就业与保障，2018（8）：3.

［172］毕明刚，刘志凡．劳务输出出实招 就业扶贫见成效：云南省会泽县打通劳务经济“脱贫路”［J］．中国就业，2020（10）：2.

［173］卓乐．国有企业改革中的人员分流与再就业面临的困难及应对措施［J］．商场现代化，2020（10）：65-66.

［174］高通智．国企下岗职工再就业路径探讨［J］．山西科技，

2019，34（5）：87–89.

[175] 曹菲．国企工人的就业选择及其逻辑[D]．武汉：华中师范大学，2018.

[176] 谢琼彦．社会工作者在促进国企下岗失业职工再就业中的角色：以“4050”再就业困难人员社区就业为例[J]．商，2015（12）：2.

[177] 朱烜．国企下岗职工现状及再就业研究[D]．临汾：山西师范大学，2013.

[178] 王红星．关于我国再就业问题的讨论综述[J]．经济理论与经济管理，1998（3）：3–5.

[179] 曾玲．中国失业现状分析及就业对策[J]．大众科技，2012，14（6）：297–299.

[180] 冯煜．浅析中国转型时期失业的主要影响因素[J]．生产力研究，2001（Z1）：15–17.

[181] 王敏．产业结构调整下的结构性失业问题研究[J]．赤峰学院学报（自然科学版），2017，33（4）：103–106.

[182] 吕营．浅析中国就业问题[J]．企业导报，2013（7）：12–13.

[183] 刘宝润，穆子伟．我国就业压力的现状与缓解举措[J]．天津成人高等学校联合学报，2002（4）：63–65.

[184] 盛乐，姚先国．失业问题的微观分析与模型解释[J]．中国经济问题，2002（1）：49–54.

[185] 张车伟，吴要武．城镇就业、失业和劳动参与：现状、问题和对策[J]．中国人口科学，2003（6）：37–44.

[186] 葛延风．要特别关注就业问题[J]．经济研究参考，2003（2）：10–18.

[187] 吕晓东. 试论中国失业保险制度的建立与完善 [J]. 学术界，1997（6）：52–56.

[188] 郑琳芳. 正确把握促进就业的财政政策取向 [J]. 中国财政，2003（2）：18–18.

[189] 谢湘平. 社会转型期实施再就业工程问题研究 [D]. 郑州：郑州大学，2000.

[190] 高卫敏. 宝鸡国有企业下岗职工再社会化研究 [D]. 咸阳：西北农林科技大学，2009.

[191] 梁晓云. 解决 "4050" 人员就业难之我见 [J]. 山西高等学校社会科学学报，2004.

[192] 杨慧娟. 就业政策对失业人员就业的影响研究 [D]. 长沙：湖南师范大学，2013.

[193] 谢小青，赵曼. 我国再就业培训的现状及对策 [J]. 湖北社会科学，2005（8）：80–82.

[194] 郑清文. 北京市失业人员公共就业服务实施效果研究 [D]. 北京：首都经济贸易大学，2016.

[195] 蔡昉. 我国就业形势的新特点 [J]. 财会研究，2011（9）：20–21.

[196] 王晓红. 失地农民再就业培训体系研究 [D]. 西安：西北大学，2008.

[197] 曾繁华，杨晓佩，钟卫创. 武汉城市圈城乡统筹就业机制及制度服务体系建设 [J]. 财经政法资讯，2008（6）：14–20.

[198] 于立，孟韬，姜春海. 资源枯竭型国有企业退出障碍与退出途径分析 [J]. 中国工业经济，2003（10）：5–12.

[199] 李瑶. 找回“面子”：下岗失业工人的自尊维持 [D]. 北京：北

京大学，2007：4–5.

[200] 常文涛. 我国劳动力市场结构性失业现状、原因及对策分析 [J]. 当代经济，2016（14）：50–51.

[201] 张峰. 利益补偿论：基于转型期中国利益协调问题的理论研究 [J]. 兰州学刊，2012（6）：160–165.

[202] 郭于华，常爱书. 生命周期与社会保障：一项对下岗失业工人生命历程的社会学探索 [J]. 中国社会科学，2005（4）：93–101.

[203] 吴清军. 下岗失业群体的社会保障制度与实践运作 [J]. 现代经济探讨，2005（12）：24–29.

[204] 王艳霞，邢明强. 河北省产能过剩行业失业人员再就业问题与对策 [J]. 中国市场，2015（12）：137–138，157.

[205] 王志宏，朱云. 资源枯竭城市下岗工人再就业障碍分析：以阜新市为例 [J]. 资源产业，2004（1）：47–49.

[206] 钱琛. 中国去产能背景下产能过剩行业就业问题 [J]. 现代商贸工业，2017（28）：73–74.

[207] 王国辉，王小丽，陈薇薇，等. 煤炭企业下岗职工再就业研究：基于辽宁省阜新市的调查 [J]. 中国人口科学，2009（6）：96–101，112.

[208] 河北大学课题组. 河北省化解产能过剩失业人员再就业对策分析 [J]. 经济研究参考，2018（46）：57–63.

[209] 凯恩斯. 就业，利息和货币通论 [M]. 北京：商务印书馆，1983.

后 记

书稿在付梓之际，内心一直挂念该写点什么。恰逢2021年度职称评审落下帷幕，忍不住想说几句。早在20世纪会计中级职称评聘实行以考代评，我通过考试到被学校聘任历经3年。会计副高职称评聘实行考评结合，从我通过考试第一次参评到评审通过经历了6年时间，前后四次申报。正高职称评聘也是好事多磨，第一次申报到2021年第二次申报通过评审也经历了四年时间。一路走来，努力、失望、再努力、再失望，酸甜苦辣，感慨良多。万幸的是，虽然也因此沮丧气馁过，但没有因此就放弃。

闲话少说，言归正传。本书源起于2020年承担Z市劳动就业管理处《Q老工业区搬迁企业失业人员再就业情况调查》课题。课题研究过程中，湖南工业大学经贸学院副院长王前博士、范定祥博士以及课题组其他成员付出了辛勤和汗水。课题结题后，结合调研过程中的所见、所学以及更加深入的思考，在调研报告的基础上进行拓展，期待对城市老工业区搬迁改造企业失业人员再就业提供进一步的帮助。在本书的写作过程中，程禹哲、刘帅等研究生为我搜集整理了资料，并分担了部分研究任务。此外，书中参考吸取了很多专家学者的著作和论文。没有这些，本书的写作是不可能完成的。在此，一并表示感谢！

吴风奇

2022年3月23日